数字经济下供应链创新模式及路径研究

——基于异业合作的视角

闫可 著

中国财富出版社有限公司

图书在版编目（CIP）数据

数字经济下供应链创新模式及路径研究：基于异业合作的视角 / 闫可著 . —
北京：中国财富出版社有限公司，2024.4

ISBN 978-7-5047-7894-9

Ⅰ . ①数…　Ⅱ . ①闫…　Ⅲ . ①供应链管理—研究　Ⅳ . ①F252.1

中国国家版本馆CIP数据核字（2023）第190450号

策划编辑	郑欣怡	**责任编辑**	庞冰心	**版权编辑**	李　洋
责任印制	尚立业	**责任校对**	杨小静	**责任发行**	敬　东

出版发行	中国财富出版社有限公司			
社　　址	北京市丰台区南四环西路188号5区20楼	**邮政编码**	100070	
电　　话	010-52227588 转 2098（发行部）		010-52227588 转 321（总编室）	
	010-52227566（24 小时读者服务）		010-52227588 转 305（质检部）	
网　　址	http://www.cfpress.com.cn	**排　　版**	宝蕾元	
经　　销	新华书店	**印　　刷**	宝蕾元仁浩（天津）印刷有限公司	
书　　号	ISBN 978-7-5047-7894-9/F · 3586			
开　　本	710mm×1000mm　1/16	**版　　次**	2024 年 4 月第 1 版	
印　　张	10.5	**印　　次**	2024 年 4 月第 1 次印刷	
字　　数	161 千字	**定　　价**	59.80 元	

前　言

　　科学技术和信息技术的快速发展推动了工业4.0时代的到来，进而促进了企业供应链区域数字化的转型。目前，现代企业越来越多地实行数字化运营模式。在这种背景下，企业改变传统商业模式，逐步升级企业信息平台，充分利用智能化技术，与横向供应链上的企业交叉集成，形成供应链数字化模式。工业4.0背景下，大多数企业广泛地运用大数据技术，通过数据的分析和整合，提高自身效率，维护供应链的稳定性。供应链的核心企业建立各种信息平台与信息系统集成海量数据，进而满足顾客的个性化需求，借助数字化技术完成企业间采购、生产、销售等活动，加强供应链的协同，推进数字化供应链的发展。

　　在《关于积极推进供应链创新与应用的指导意见》《"十四五"数字经济发展规划》《关于加快建设全国统一大市场的意见》等一系列政策文件的指导下，供应链创新与应用逐渐上升为国家战略，各行各业不断加快数字化建设，推动线上线下融合发展，形成更多商贸流通新平台、新业态、新模式。因此，跨行业、市场、领域企业之间的"异业合作"逐渐兴起，利用联合促销等手段，共同推广产品和品牌，具有广泛的应用前景。例如，方太与圣象开展"方太全民厨电日""圣象全民地板日"的活动、京东与爱奇艺推出联合会员等。但是，异业合作企业的运营决策发生了重大变化，不同形式的联合促销的可行性及盈利性也有待验证。部分研究探讨了异业合作对企业可持续发展的积极影响，然而在联合促销模式下，异业合作企业及供应链的运营决策研究还处在萌芽阶段，不能满足企业实施联合促销过程中科学决策的需要。

本书重点围绕联合促销过程中的异业合作零售商、生产商、在线平台及供应链,考虑了联合促销形式、企业相互引流的行为以及供应链渠道结构对异业合作供应链运营决策的影响。本书通过构建考虑上述现实因素的数学规划模型,针对联合促销模式下的定价、促销努力、服务水平、绿色投资等决策展开了研究,进一步比较分析了以下不同特点和现实情况下,联合促销的最佳决策和利润:①异业合作零售商的返券或不返券策略;②异业合作生产商的独立促销或联合促销策略;③异业合作在线平台的联合会员或独立会员策略;④在异业合作在线平台实施联合促销的基础上,在线平台与竞争对手合作或竞争的策略;⑤异业合作供应链的分散式或集中式决策。本书得到了异业合作的企业实施联合促销的管理建议,利于推动供应链可持续发展。本书的主要研究内容和成果如下。

(1)本书构建了博弈模型来优化购物中心提供返券优惠时的运营决策问题。本书研究了异业合作零售商追求联合促销的动因,分析了联合促销对异业合作零售商、购物中心最优运营决策的影响。结果表明,购物中心提供返券优惠时,给消费者发放优惠券的零售商的产品零售价格、对联合促销的支出较高。消费者在购物时使用优惠券抵现的行为,会给零售商带来更多的消费者,有利于提升零售商的利润。当返券优惠对消费者需求的影响相对较大时,异业合作零售商更愿意接受购物中心提供返券优惠的行为。当返券优惠对消费者需求的影响相对较小时,异业合作零售商就会减少对联合促销的投入,因为优惠券的发放可能会减少它们的利润。

(2)本书建立了考虑3D打印成本的异业合作生产商联合促销决策模型。本书考虑了3D打印成本、消费者引流、独立促销努力、联合促销努力对异业合作企业最优策略和绩效的重要影响,优化了联合促销的盈利性及定价—促销努力决策。结果表明,与为独立促销活动付出的努力相比,企业更愿意为联合促销活动付出更多的努力,主要取决于联合促销活动是否可以吸引更多的消费者。当3D打印成本相对较低时,随着联合促销活动对消费者需求影响的不断增大,企业可以获得更高的利润。当3D打印成本相对较高时,产品生产成本以及企业对促销活动的支出蚕食了企业的利润。

（3）本书探索了考虑服务水平的联合促销模式下，异业合作在线平台定价及会员管理问题。本书对比分析了联合会员与独立会员策略，证明了零售价格帮助消费者筛选优质产品的作用。结果表明，当独立会员策略不受广大消费者青睐时，联合促销更有优势。消费者可以通过产品的零售价格，有效获取在线平台的服务水平信息。与合作伙伴相比，拥有更多消费者群体的在线平台具有流量优势，不太愿意为联合促销活动付出更多的努力。

（4）本书构建了考虑替代品竞争的异业合作在线平台联合促销决策模型。本书研究了在异业合作在线平台实施联合促销的基础上，在线平台与提供替代品的同业竞争对手之间是合作还是竞争的问题。结果表明，当替代品深受消费者欢迎时，在线平台愿意增加对联合促销的投入，提升消费者的购物体验。当替代品不那么受消费者欢迎时，为联合促销付出较少的努力就可以应对替代品带来的竞争威胁。在线平台是否选择与竞争对手及异业在线平台共同开展联合促销，主要取决于促销活动是否可以促进在线平台以更低的运营成本获得更高的利润。

（5）本书构建了考虑分散式、集中式渠道结构下，异业合作供应链联合促销决策模型。本书对比分析了制造商、零售商以及供应链的最优决策，探讨了在什么情况下实施联合促销更有优势。结果表明，与集中式供应链相比，当联合促销对消费者需求的影响相对较大时，分散式供应链中的零售商通过降价的方式，可以进一步吸引更多的消费者。当联合促销对消费者需求的影响相对较小时，通过提高价格来抵销绿色投资成本、促销成本是企业更好的选择。由于受双重边际效应的影响，与分散式供应链相比，集中式供应链的联合促销投入以及利润都要更高。

本书的主要贡献体现在以下4个方面。

（1）本书揭示了联合促销模式下，异业合作推动供应链可持续发展的机理，考虑了对不同特点和现实问题进行建模分析，丰富了联合促销以及异业合作的相关研究。

（2）本书构建了考虑购物中心通过返券优惠作为联合促销的参与主体，异业合作零售商联合促销决策模型，改进了现有研究针对制造商与零售商通过联合促销实现供应链协调的局限性。

（3）本书建立了考虑服务水平的异业合作在线平台联合促销决策模型，证明了价格作为服务水平信号的作用。此外，本书考虑了替代品的竞争威胁，为联合促销模式下异业合作在线平台运营决策提供了理论参考。

（4）本书构建了考虑3D打印成本、消费者引流的异业合作生产商联合促销决策模型。探讨了分散式、集中式渠道结构对异业合作供应链运营决策的影响。从可持续的角度，本书丰富了联合促销模式下异业合作供应链的运营决策理论。

本书的写作和出版得到教育部人文社会科学研究青年基金项目（23YJC630204）、北京工商大学市属高校分类发展—商科数字化转型—消费大数据创新中心建设项目（19002022048）、北京市教育委员会科学研究计划项目（SM202310011001）的支持和资助，特此致谢。

阎可

2024年4月

目 录

1 绪 论

随着时代的进步和社会的发展，尤其是3G、4G、5G移动网络的萌芽兴起与更新迭代，供应链逐渐进入了移动时代；再加上人工智能的应用与发展，供应链也逐渐趋于智能化和系统化。在种种技术的更新迭代与发展下，数字化供应链应运而生，成为备受社会关注的一个热门话题。为了不断满足现代化供应链的创新应用战略，进一步加快发展企业数字化供应链的新业态和新模式，当前不管是发达国家还是发展中国家都在探索供应链数字化的建设发展工作，旨在推动供应链实现多元化、数字化和韧性化发展。新环境下供应链迎来了发展的新形态和新要求。

2022年政府工作报告提出的"促进数字经济发展"、国务院发布的《"十四五"数字经济发展规划》，都表明未来国家将继续大力支持数字经济发展。在此背景下，如何提升数字化发展水平、打造数字化供应链，成为供应链行业发展面临的重要课题。供应链数字化和智能化技术不断催生企业供应链的转型和创新，物联网和大数据等技术不断驱动数字化供应链成为未来发展的新趋势。为了寻求更多的发展机会，不同行业或市场中的企业通过异业合作，并开展一系列的联合促销活动，降低运营成本，吸引更多的消费者。越来越多的企业将异业合作作为日常重要的营销手段，相关企业的运营决策发生了重要变化。目前关于联合促销的研究，主要关注供应链内部制造商与零售商的合作，以及出售互补性产品或者竞争性产品的企业之间的合作，不能满足企业实施联合促销过程中科学决策的需要。因此，本书以联合促销模式下异业合作的企业为研究对象，围绕零售商、生产商、在线平台等主体，考虑企业在实际经营活动中的不同特点与问题，探索联合促销模式下企业与供应链的运营决策，推动数字经济下供应链可持续发展。本章从整体上对本书的研究背景、研究内容及主要创新点、研究方法与技术路线等方面进行论述，体现本书的研究基础与研究动机。

1.1 研究背景与问题提出

在激烈的市场竞争下，企业传统的打折、提供赠品等促销活动给企业增加了很大的成本负担，同时促销效果也在逐渐下降。因此，更丰富的促销策略，如联合促销、概率销售、闪购等不断涌现。同品质或同类型的产品日益丰富，企业之间的竞争愈演愈烈，基于此，异业合作对企业的长期发展具有重要意义。在不同的现实背景下，异业合作呈现出不同的特点，针对联合促销模式下异业合作供应链运营决策的相关研究也不多。本节综合分析了现实背景与理论背景，在此基础上，根据实际情况总结出本书的研究基础，并提出了相关研究问题。

1.1.1 研究背景

联合促销又被称作合作促销、联盟促销、促进营销等，主要是指合作的企业通过采取各种有效的促销手段，一起开拓市场，促销它们的产品。联合促销最初由 Adler（1966）提出，两个或两个以上的品牌或者企业为了实现资源互补、提升企业的竞争优势、增强市场的开拓能力而开展合作促销活动，从传统营销中的竞争关系转变为合作关系（Aaker，2004），主要可以分为纵向联合促销和横向联合促销（Karray，2011）。总体来看，大部分的联合促销活动都是通过供应链内部的纵向合作来实施的。制造商与零售商通过签订收益契约或者寄售合约等方式，共同促销它们的产品或服务（Bart 等，2021）。例如，海尔在企业周年庆期间与零售商共同推出返券优惠的促销活动，康师傅冰红茶与零售商共同开展"再来一瓶"的促销活动，双叶家具与零售商合作开展"厂家让利，年终大促"活动等。供应链内部纵向的制造商与零售商开展联合促销活动已经十分普遍（Moon 等，2018）。

随着经济的高速发展，纵向的联合促销已经不能满足企业长期发展的需求，企业希望寻求更多的发展机会并增强竞争力，推动供应链可持续发展，横向出售竞争性产品、互补性产品的企业之间的合作逐渐增多（Karrary，2015；Karray 和 Sigué，2018）。互补性产品之间的合作如小天鹅洗衣机与碧浪洗衣粉，竞争性产品之间的合作如可口可乐与百事可乐共同拍摄贺新春广告等。合作的企业往往形象及市场地位基本一致，这样合作的企业可以分摊活动的成本，尽可能达到强强联合的效果（许芬芬，2015）。

提供相同品质或相似产品的同行业企业之间的竞争越发激烈，为了更好地实现优势互补，优化资源配置，降低企业获取消费者资源的成本，不断提升品牌效应，满足顾客不断变化的需求，两个或两个以上的企业，尤其是不同行业或者市场上的企业之间的互动越来越频繁，异业合作的企业开展联合促销活动逐渐兴起。异业合作主要是指跨行业、市场、领域的企业在面向类似或者共同的消费者群体时，整合相应的资源，通过捆绑、资源互换等方式的合作，利用新的营销手段，提升促销活动的效率以及营销投入的产出效益。例如，购物中心内不同业态的商户之间的合作十分普遍，如吃饭送购物优惠券、购物送 KTV 优惠券等。此外，还有腾讯游戏与百事旗下的激浪饮料合作、魔兽世界与百事可乐的合作、网易旗下游戏《阴阳师》与肯德基的合作等。在家居建材行业，在不同市场上经营的零售商合作的例子也很普遍，如由大自然地板、华润涂料、慕思家具等组成的"冠军联盟"，可以有效地帮助顾客减少挑选物品的时间，顾客不再需要在众多的品牌中进行挑选，从而实现"一站式"购物。

现实生活中企业合作成功的案例不断增多，推动了异业合作的企业共同开展促销活动的快速发展。这些不同行业或市场上的企业，基于共同的客户群体、资源共享及互换，实施共同的市场推广活动，逐渐成为企业进行产品和品牌推广的常规有力手段。企业不仅仅追求短期的商业利益，更注重产品的质量以及用户的体验，为客户创造更多的价值，使异业合作走得越来越远（刘晓云，2013）。这些企业本身都在经营各自的品牌，通过共享客户资源，进一步刺激消费者的购买欲望，获得规模效应，扩大了品牌的影响范围。

互联网的迅速发展，平台经济增速迅猛，人们的日常生活越来越离不开各种各样的在线平台，如京东、淘宝、滴滴、爱奇艺等，同时催生了许多新的营销手段，为企业之间的异业合作带来了新的生机。如京东与爱奇艺的联合会员、京东与腾讯视频的联合会员、"饿了么"与哔哩哔哩的联合会员等，消费者在支付一次会员费用之后，可以同时享受多家平台会员的特权。同时，互联网的发展加剧了市场细分，企业都在寻求差异化的发展模式。滴滴、"饿了么"等在线平台可以整合大量的资源，各自都有巨大、稳定的客户群体，因此客户流量成了各个平台成功的关键因素。不同行业或市场中的企业之间对合作的需求巨大，在全球最具影响力的300个品牌中，有超过40%的品牌都实践过异业合作（邓景夫，2018）。

随着政府以及消费者环境保护意识的不断增强，绿色供应链的可持续发展越发重要。制造商借助绿色投资不断提升产品的绿色属性来满足顾客的需求，政府也给予企业大量的补贴来鼓励企业发展新能源以及推出绿色产品。企业在绿色产品研发上投入了大量的精力，如何更好地促销产品来吸引消费者，便成了绿色供应链可持续发展的重要目标。因此，异业的零售商或者供应链之间广泛采取联合促销活动来推广产品，如欧派联合蒙娜丽莎、德鲁奇、大自然、万华、多乐士共同发起中国泛家居行业最具影响力的"绿色家居联盟"，旨在共同更好地推广各自的品牌。另外，3D打印技术的不断发展与成熟使得在不同行业或市场中经营的企业之间的异业合作越来越普遍，许多企业开始探索如何在降低产品生产成本的同时，通过有效的促销活动，来扩大3D技术的应用场景，推动循环经济的快速发展，进一步促进经济社会的可持续发展。例如，3D打印公司Prodways与耐克合作生产篮球鞋以及3D打印公司Formlabs与新百伦联合生产跑步鞋等，通过推出一系列3D打印鞋子来吸引更多消费者的关注。

虽然在现实生活中，异业合作的企业联合促销其产品十分常见，但这一主题的理论研究仍比较匮乏。企业通过共同策划、一起运作期望达到降低成本、互补"双赢"的目标，但是异业合作的失败率也很高（唐宇，2015）。促销活动中存在很多风险因素，双方企业的用户是否重合（刘晓云，2013），参与各方所承担的费用难以商定，合作伙伴有可能会成为竞争对手等（李晓芳，2012）。开展联合促销的企业想要吸引更多的客户，同时顾客也希望从中获取更大的价值。现有的多数关于异业合作的研究，主要针对某些企业促销活动的结果进行验证分析，很少有针对此类促销活动机理的探讨（张千帆，2018）。因此，科学识别影响异业合作企业或供应链开展联合促销的因素、选择恰当的合作伙伴来开展联合促销以及了解联合促销对企业及其各自供应链最优策略的影响都十分重要。

1.1.2　问题提出

异业合作的企业共同开展联合促销的具体形式有很多种，如何选择恰当的合作形式、最优的合作伙伴对联合促销的成功与否十分重要。面对不同具体内容的联合促销活动时，管理者除了需要根据实际情况做出合理的定价决策外，还要做出合理的促销努力、产品服务水平等决策，以实现利润最大化的目标，以及供应链的可持续发展。作为一种新的业态模式，伴随着平台经济的高速发展，如何在保证给消费者提供高质量产品、高效匹配供需的同时，权衡独立促销和联合促销活动的支出，促进经济的可持续发展，需要平台型企业创新性的管理运营模式。另外，随着政府及消费者对环境因素关注度的上升，以及以3D打印技术为代表的新兴技术的高速发展，消费者的需求以及消费习惯都在发生着改变。因此，在为了满足消费者的特定需求而生产各类产品的同时，异业合作的企业如何通过联合促销等活动来高效地将产品推销给顾客，进而真正地实现循环供应链、可持续发展的供应链就具有十分重要的意义。

综上所述，随着异业合作企业开展联合促销活动在全球范围内的流行，研究新的促销模式下供应链管理以及决策的方法就十分有必要，不仅能够促进企业以及供应链的可持续发展，同时也能填补相关学术研究方面的空白。另外，人们对环境因素的重视，以及新兴技术的快速发展，推动了供应链的可持续发展、3D打印技术等的广泛应用。因此，为了体现出异业合作供应链在实际经营活动中的特点，本书针对在联合促销模式下，不同的合作场景中遇到的实际问题进行研究，总结出"购物中心是否通过返券的方式参与异业合作零售商之间的联合促销""考虑3D打印成本时的异业合作""考虑价格与服务水平的内在联系时，在线平台之间的异业合作""考虑存在替代品竞争时，在线平台选择恰当的合作伙伴一起开展联合促销"以及"考虑不同渠道结构的供应链运作管理"五个方面来研究供应链的最优运营决策，为相关企业提供科学的指导决策，帮助企业提升管理绩效，促进供应链的可持续发展。

1.2　研究目标和意义

本书根据以上对联合促销模式下异业合作供应链运营决策相关研究背景的阐述，结合企业实际经营中的现实特点与问题，针对生产商、零售商、在线平台等主体，分析得出本书的研究问题。本书在这里总结研究目标以及研究意义，为企业开展异业合作提供新思路。

1.2.1　研究目标

本书基于联合促销模式对企业及供应链在实践中的重要性进行研究。本书旨在以联合促销模式为研究焦点，考虑在不同场景下，在不同行业或市场中经营的企业追求联合促销的特征，来研究联合促销模式下异业合作企业的最优决策及其供应链的运营管理。本书以企业及供应链的最优定价、对促销活动的支出等决策为起点，研究在特定的合作方式下，异业合作的企业有效实施联合促销的方法，进而推动供应链的可持续发展。本书重点考虑在联合促销模式下购物中心是否为消费者提供优惠券、合作伙伴的选择、价格与服务水平的内在联系、3D打印成本、绿色投资、供应链渠道结构等因素，对异业合作企业及供应链最优决策及绩效的影响。本书通过建立博弈模型进一步分析企业的最优决策，得出异业合作企业实施联合促销时的运营建议，指导企业做出科学的决策，促进供应链健康、可持续地发展，充分发挥联合促销的优势。

1.2.2 研究意义

相比于传统的供应链内部制造商与零售商之间的纵向合作，异业合作的企业通过横向合作来开展联合促销活动，可以有效地降低成本、提高效率、增强市场竞争力、增强抗风险能力、提高知名度，同时方便消费者选择一体化的服务，更好地刺激消费者的购买欲望。本书基于联合促销模式下异业合作供应链运营决策领域研究的不足，通过建立考虑不同现实因素的联合促销决策模型，帮助管理者更科学地实施联合促销。本书的研究具有重要的理论与现实意义。

（1）理论意义。

本书关注的联合促销模式属于新兴的促销方式，同时随着经济的高速发展，市场竞争越来越激烈，异业合作越来越频繁，如何高效地开展联合促销就显得十分重要。目前，国内外关于联合促销模式下异业合作的相关研究非常少，从运作角度来分析异业合作供应链运营决策的研究更是稀少。本书在研究内容、方法上具有重要的理论创新，填补了相关领域的研究空白。

①本书主要从联合促销与运作结合的角度出发，针对生产商、零售商、在线平台等主体，考虑了购物中心的介入、服务水平、客户导流、绿色投资、3D打印成本等现实因素对运营决策的影响，丰富了联合促销模式下异业合作供应链运营决策研究。

②本书综合运用数学规划、博弈论等方法研究了异业合作供应链的运营决策，对比分析了"返券还是不返券""联合促销还是独立促销""联合会员还是独立会员""合作还是竞争""集中式决策还是分散式决策"等策略，填补了目前管理决策理论在上述研究方面的空白，丰富了异业合作作为企业运营管

理手段的相关研究。

③本书应用的模型以及算法可以应用到其他相似的营销手段研究中。

（2）现实意义。

随着平台经济、循环经济迅猛发展，如何在"双循环""碳中和""碳达峰"等政策的大背景下进一步刺激经济就显得尤其重要。本书根据现实生活中，不同行业或市场中企业进行联合促销的实际特点，将研究扩展到了平台经济、循环经济等多种业态。本书的研究成果对于提升联合促销的效率、提高企业竞争力、促进平台经济及循环经济健康可持续地发展，具有重要的现实意义。

①本书针对联合促销模式下异业合作供应链运营决策研究使用的分析方法以及得到的管理建议，可以加深企业对异业合作及联合促销的理解，提升消费者的购物体验，促使企业在实施联合促销中做出科学的决策。

②本书指导企业及管理者如何发放恰当面额的优惠券来更好地开展联合促销、为顾客提供不同质量的产品或者服务来吸引更多的消费者、选择是否与竞争对手一起开展联合促销等，以更高的效率保证供应链的可持续发展。

③本书帮助企业在现实中将营销与运作相结合，促使企业的营销策略与运营决策相互协调配合。

1.3 研究内容

联合促销指两个或两个以上的企业共同开展促销活动，根据开展促销主体的不同可以分为横向型和纵向型。横向型联合促销包括同一企业内部的不同部门之间，同一行业的不同企业之间；纵向型联合促销包括不同行业之间，同一条供应链的供应商和零售商之间。具体的联合促销策略可以是同时付出促销努力，也可以是一方付出促销努力，另一方分摊促销成本。但是，促销活动的最终目的都是通过联合促销避免企业单独促销时产生的高额促销成本，使供应链上的各企业花费较少的促销成本，获得更优的促销效果，增加整条供应链和供应链上各环节的收益。企业采取联合促销的策略是为了降低促销成本，刺激消费者的购物欲，提高市场需求，售出更多的产品，进而提高利润。而这一切最终都要靠消费者的消费来实现，促销作用的主体是各个地区的消费者，企业采取联合促销策略时最重要的一环就是如何让消费者注意到自己的商品，使消费者愿意为自己的商品埋单。因此，促销活动的效果最终需要由消费者检验，只有被消费者认可的促销策略才是好的策略。

基于联合促销对企业经营活动的重要性，以及联合促销模式下异业合作供应链运营决策相关研究的不足，本书集中探讨联合促销模式下异业合作供应链的运营决策与管理问题，具体的研究内容如图1-1所示。

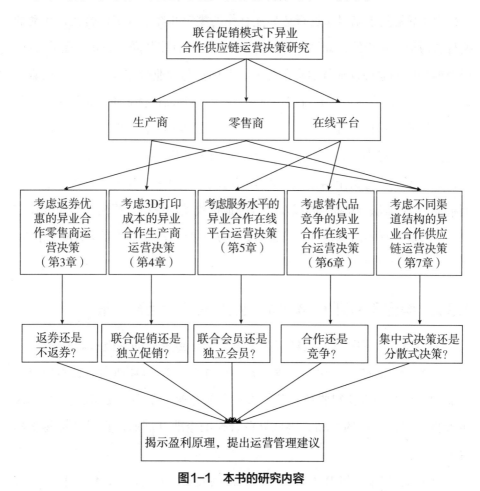

图1-1 本书的研究内容

1.3.1　考虑返券优惠的异业合作零售商运营决策

在家居建材行业，异业合作的零售商开展联合促销的例子十分常见，它们通过联合促销可以很好地分配资源、吸引更多的消费者。特别是在同一个大型的购物中心内，不同市场上的零售商如居然之家、红星美凯龙等，经常合作开展一系列的促销活动来提升自身竞争力，增加商品的曝光率。同时，购物中心考虑是否通过为消费者提供优惠券，来参与零售商之间的联合促销活动。在不同的联合促销策略下，异业合作呈现出不同的特点。

第3章是基于家居建材行业异业合作的零售商经常开展联合促销活动的两种普遍形式讨论的，即异业合作的零售商之间直接共同开展联合促销活动，以及购物中心通过发放优惠券的方式，共同参与异业合作零售商之间的联合促销活动。第3章研究了联合促销对异业合作零售商最优定价、促销努力、利润等的影响，探讨了在购物中心参与零售商之间的联合促销时，提供给消费者优惠券的最优面额，以及联合促销活动对购物中心可持续发展的影响。此外，该章扩展到考虑上游制造商影响的情况下，进一步研究联合促销活动对制造商、零售商、购物中心以及供应链最优决策的影响，提出了异业合作零售商开展联合促销时的最优运营策略，分析了参与者最优时需要满足的条件，推动供应链的可持续发展。

1.3.2　考虑3D打印成本的异业合作生产商运营决策

循环经济、可持续发展经济是未来经济迅猛发展的突破口。3D打印作为一项革命性的技术，深刻地改变着各行各业。3D打印机所有者希望将其过剩的产能共享来获得收益，其他市场上的企业也希望采用3D打印技术来生产更吸引消费者的产品，因此异业合作的企业开展联合促销活动越来越普遍。

第4章关注企业将3D打印技术作为产品突破的关键技术，但在生产3D打印产品时，产品的单位生产成本是企业不得不考虑的一项重要因素。该章考

虑企业同时开展独立促销活动以及联合促销活动来宣传产品，探索驱动采用
3D打印技术的异业合作企业参与联合促销的因素，以及在联合促销模式下企
业的最优运营决策。该章进一步将模型扩展到异业合作的企业签订成本分担
契约之下，研究单位生产成本、消费者引流等因素对异业合作企业成功开展
联合促销的影响。

1.3.3　考虑服务水平的异业合作在线平台运营决策

鉴于电子商务的迅猛发展，在线平台从付费会员中获益良多，管理者都
希望在通过促销活动留住现有付费会员的基础上，通过吸引更多新的付费会
员加入来提升利润。不同市场上的在线平台越来越普遍地推出联合会员，消
费者在购买了联合会员之后，可以同时享受到多个在线平台的会员权益。异
业合作的在线平台通过实施联合促销来最大限度地满足消费者需求，达到消
费者引流的目的。

第5章针对异业合作的在线平台开展联合促销的特点，构建了由在线平
台以及消费者组成的平台服务供应链。异业合作的在线平台共同推出联合会
员，通过共享市场基本客户群体，达到相互引流的目的，吸引更多消费者的
关注。但联合会员的定价普遍与单独购买各自的会员价格不同，不同价格包
含了客户能够享受到的不同的服务内容及权益。因此，第5章深入分析了在线
平台通过各自的促销活动进行独立促销，以及异业合作的在线平台共同开展
联合促销两种促销模式，研究了在线平台的最优定价、服务水平等最优决策，
对比分析了在线平台及供应链的绩效，分析了产品的零售价格与服务水平之
间的内在关联，帮助平台管理者实现利润最大化的目标，促进供应链的可持
续发展。

1.3.4　考虑替代品竞争的异业合作在线平台运营决策

随着平台经济进一步蓬勃发展，在线平台之间的合作形式越来越丰富。
联合促销的参与主体，不仅限于不同市场上的两个在线平台直接开展促销活

动，在线平台与异业的在线平台以及竞争对手一起合作的模式也逐渐兴起。特别是受新冠疫情的影响，在线平台如何通过丰富的合作方式来吸引更多的消费者，成了推动在线平台及供应链可持续发展的关键因素。

第6章聚焦于在线平台开展联合促销的两种形式，即在线平台与竞争对手、异业平台合作，以及在线平台在面临市场中竞争对手的威胁时，单独与异业平台合作，研究在线平台如何选择恰当的合作伙伴、合作方式来开展联合促销活动。第6章考虑到在线平台的独立促销努力，以及在线平台单独与异业的在线平台开展合作，对在线平台的竞争对手产品的消费者需求会产生的负向抑制作用。通过比较不同的合作模式下在线平台的最优定价、独立促销活动支出、联合促销活动支出等决策，分析比较不同的合作方式对在线平台最优策略的影响，为在线平台的管理者提供政策建议，帮助在线平台更高效地运营。

1.3.5　考虑不同渠道结构的异业合作供应链运营决策

鉴于循环经济以及公共环境问题受到消费者的广泛关注，政府大力为制造商提供补贴来投资生产绿色产品。同时，零售商通过各自的营销策略来推销产品，吸引更多消费者的关注。因此，不同市场上的零售商为了以更少的成本吸引更多的消费者，一起集中资源，共同向消费者推销自己的产品或者服务，来寻求供应链的可持续发展。

第7章考虑了集中式、分散式两种不同的供应链渠道结构对联合促销的影响，针对由制造商、零售商以及消费者组成的绿色供应链展开研究，探索受供应链渠道结构和批发价格等因素的影响，异业合作的企业如何合理地分配产品绿色投资、促销支出等，更好地利用联合促销活动来推广绿色产品，获得更高的利润。通过扩展模型，第7章进一步研究了不同的供应链渠道结构下，联合促销活动对异业合作供应链最优运营决策的影响，推动供应链的可持续发展。

1.4 研究思路

本书共8章，分三个部分，研究思路如图1-2所示。

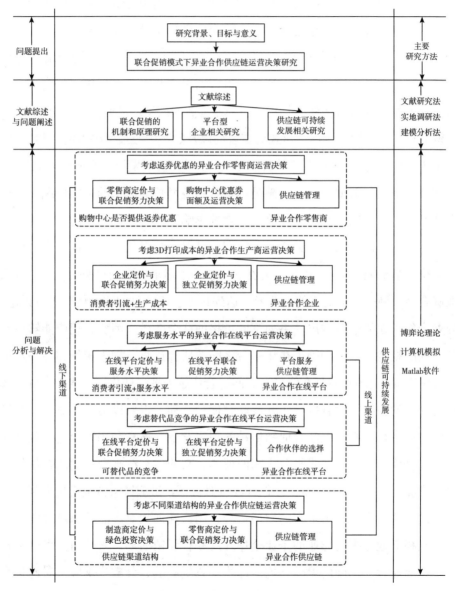

图1-2 研究思路

第一部分包含了第1章和第2章内容。第1章主要包括本书的研究背景、研究问题、研究意义、研究内容和研究方法、技术路线以及主要创新点。第2章为国内外研究现状，包括主要的相关文献和研究进展。

第二部分包含了第3章到第7章的内容。本部分基于异业合作的企业及供应链追求联合促销的现象十分普遍，结合国内外文献综述，明确了本书的创新点。第3章考虑了购物中心是否为消费者发放优惠券来参与异业合作零售商之间的联合促销活动的问题。消费者可以通过在其中一个零售商处购买产品后，获得相应金额的优惠券，在另一个零售商处购买产品时抵免一定的金额。本章分析了不同的联合促销形式对零售商以及购物中心最优决策的影响。第4章基于3D打印技术的逐渐成熟推动工业4.0时代快速发展，企业想要利用3D打印技术来生产新型的产品，满足消费者日益增长的需求的现实情况，分析在产品生产成本以及消费者引流等因素的影响下，不同市场上的企业通过独立促销活动，以及联合促销活动来推广产品对参与者的影响，提出供应链管理策略。第5章针对不同市场上的在线平台为了追求更多的付费会员，普遍采取联合会员制来吸引更多的消费者，达到相互引流的目的这种情况进行讨论。异业合作的在线平台推出一系列不同价格的联合会员，消费者相应能够享受到不同的权益。本章刻画了在线平台之间的博弈过程，探索定价和服务水平等最优决策。第6章聚焦在线平台之间的合作越来越多样化，在线平台可以选择与异业的在线平台直接合作开展联合促销活动，也可以与竞争对手以及异业的在线平台一起开展联合促销活动的现实背景。该章利用博弈论来刻画在不同的合作方式下，在线平台之间的博弈，来探讨在线平台最优的合作伙伴以及最优运营决策。第7章关注循环经济时代下，供应链可持续发展受到大众普遍的关注。为了寻求更多的发展机会，制造商加大对产品的绿色投资，零售商也积极地寻求与异业的企业合作开展联合促销活动，来吸引更多的消费者。该章探索了不同的渠道结构，即集中式供应链、分散式供应链对此类合作的影响，刻画供应链之间的博弈，分析最优定价、绿色投资、促销努力等最优决策，促进供应链的可持续发展。

第三部分为第8章，是对全书的总结及对未来研究的展望。

1.5 创新点

本书的具体创新点体现在以下4个方面。

（1）本书揭示了联合促销模式下，异业合作优化资源配置，提升消费者购物体验，推动供应链可持续发展的机理，丰富了联合促销以及异业合作的相关研究。

目前关于联合促销的研究主要针对供应链内部，制造商与零售商签订成本分摊或寄售等合约，激励零售商更好地促销产品，以实现供应链的协调。一些研究针对横向地出售竞争性产品、互补性产品的企业开展联合促销时的最优决策进行了探讨。与这些研究不同，本书考虑异业合作的不同特点和现实情况，针对生产商、零售商、在线平台等主体，研究联合促销模式下异业合作供应链的运营决策。

（2）本书构建了考虑购物中心作为联合促销的参与主体，异业合作零售商联合促销决策模型，为管理者提供相应的理论指导和建议。

在以往的研究中，零售商作为促销活动的主体，通过降价或其他的优惠方式直接开展促销活动受到了大量的关注。异业合作零售商在忽略了购物中心同时作为促销活动的参与主体时，面临选择返券与不返券的联合促销问题。本书基于这个问题，建立博弈模型来揭示异业合作零售商追求联合促销的动因，充分发挥了异业合作的优势，帮助管理者更科学地实施联合促销。

（3）本书将服务水平引进以在线平台为决策主体的联合促销决策模型中，并考虑到替代品的竞争威胁，为异业合作在线平台运营决策提供了理论参考以及更贴近实际的建议，帮助管理者更好地做出运营决策。

以往的研究并没有关注到异业合作在线平台共享消费者群体，实现消费者引流的行为，探索产品或者服务的定价与服务水平之间的内在联系。本书研究了平台经济领域的重要问题，针对以在线平台为决策主体的促销活动，基于在线平台的会员管理问题，对比分析了联合会员与独立会员的策略，证明了价格作为服务水平的信号，能够帮助消费者筛选优质产品。此外，本书考虑到提供同质产品或服务的在线平台的竞争，帮助管理者更好地理解异业合作。

（4）本书构建了考虑3D打印成本、消费者引流的异业合作生产商联合促销决策模型，并考虑了分散式、集中式渠道结构的影响，从可持续的角度丰富了联合促销模式下异业合作供应链的运营决策理论，为供应链的可持续发展作出了重要贡献。

考虑到消费者对个性化定制和异质化的需求，基于3D打印技术开展异业合作的企业在实施联合促销时，产品生产成本是十分重要的因素。现有研究忽略了考虑3D打印成本结合异业合作企业共享消费者群体的实际情况下，异业合作供应链运营决策的特点，相关的研究成果并不适用于这一问题。本书通过比较集中式、分散式渠道结构对供应链绿色投资、促销努力等决策的影响，证明了联合促销模式下异业合作的优势。本书的研究能够帮助管理者提高供应链管理效率，促进供应链的可持续发展。

2 相关概念及研究综述

本书主要研究了联合促销模式下异业合作供应链的运营决策，指导企业更高效、更科学地实施联合促销，促进供应链可持续发展。针对研究中的主要问题，本章阐述了相关概念并梳理了主要的研究动态。

2.1 联合促销

联合促销，最早起源于Adler（1966）从自然界引入的共生营销的概念，企业通过共同开展营销活动，得到更多的销售机会，进而获得更高的利润。虽然联合促销可以通过多种形式展现，如促进营销、合作促销、联盟促销等，但广大学者对联合促销的定义也达成了一些共识（Ahn等，2010）。因此，本书在研究过程中采用了联合促销的概念（见图2-1）。联合促销又分为纵向联合促销（VJP）和横向联合促销（HJP），VJP是指供应链上游的制造商向下游的零售商提供一定的补贴，共同开展促销活动，HJP是指两个或两个以上的品牌共同开展促销活动（Karray，2011）。

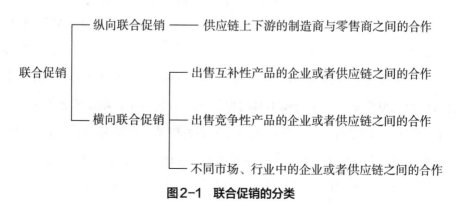

图2-1 联合促销的分类

  首先，许多学者从不同的供应链结构、合作机制设置、动态或者静态的模型角度，针对供应链内部的制造商与零售商之间合作开展的联合促销进行了研究（Aust，2015），聚焦于纵向联合促销如何改善消费者需求，最终增加企业以及供应链的利润（Karray，2011）。研究除了考虑零售商的促销努力对零售商的销售量有正向的促进作用，同时对制造商的品牌形象有负面的影响，还考虑了不同渠道结构以及决策顺序、非线性动态系统、组织形式和不确定性成本的影响。此外，一些研究还考虑了各种因素对价格、利润、订购等决策的影响，如消费者的参考价格和可记忆性、双渠道之间的"搭便车"效应。

  其次，与买方—卖方或制造商—分销商合作不同，近年来由几个零售商分担促销成本以取得成功的横向联合促销越来越流行。随着市场竞争力的不断增强，越来越多的企业开始追求横向联合促销，而不仅仅限于供应链内部上下游之间的合作，因此相关的研究也逐渐多了起来（Karray，2011）。关于横向联合促销的大多数研究，主要是针对如何选择合适的合作伙伴，最重要的是合作伙伴为组织以及联盟增加价值的能力，特别是Karray（2015）对两个出售竞争性产品的供应链开展的联合促销进行了研究，分别在当两个供应链都是分散式结构时、一个供应链是集中式结构而另一个是分散式结构时，制造商向零售商提供联合促销补贴，零售商之间同时开展横向联合促销活动。研究发现，当产品的价格竞争程度低于促销竞争程度时，制造商会向零售商提供较低的促销补贴率，横向联合促销对参与者利润的影响主要取决于供应链的渠道结构。在一个供应链是集中式结构而另一个是分散式结构时，横向联合促销对制造商是有利的，但是不一定能增加零售商的利润。当两个制造商通过一个独立的零售商销售互补性产品时，制造商应该自己做促销还是联合做促销？很明显，当制造商本身的促销影响力较高时，制造商就不愿意追求联合促销。有趣的是，当联合促销的影响力较低，但价格和促销活动的互补性很高时，制造商也更喜欢联合促销（Karray和Sigué，2018）。因此，选择合适的合作伙伴是HJP成功的关键。

2.2　异业合作

联合促销活动在实践中不断取得成功，促使在不同行业或市场中经营的企业之间的合作发展迅猛，虽然这些企业处于不同的行业和市场中，但是它们具有相同的目标客户群体，这也构成了异业合作的基础（Yan等，2021）。现有的关于异业合作的研究较少，特别是针对异业合作企业及其供应链的运营决策的研究还处在萌芽阶段。提供相同品质或相似产品的同行业企业之间的竞争越发激烈，为了更好地实现优势互补，优化资源配置，降低企业获取消费者资源的成本，满足顾客不断变化的需求，两个或两个以上的企业，尤其是不同行业、市场、领域中企业之间的互动越来越频繁，企业之间的异业合作逐渐兴起。

开展异业合作的企业整合各自的资源、销售渠道，通过捆绑、资源互换等方式，借助联合促销等营销手段，提升合作的效率以及营销投入的产出效益，加快产业升级，提供更优质的产品和服务（张千帆等，2018），有效应对激烈的市场竞争，是一个值得研究的重要话题（Goić，2011）。异业合作也被称作品牌合作、捆绑销售、整合传播等。与传统的同业之间的合作相比，异业合作的优势在于，企业之间不存在直接的竞争关系与利益冲突，客户群体更广泛，可以直接刺激终端消费者的需求，为顾客提供新的客户体验，帮助客户实现"一站式"购物，因此受到了广大企业的青睐。异业合作作为新时代背景下的产物，主要具有主体差异化、主体无竞争关系、收益可拓展性等特点（Aaker，2004；Aulakh，2007）。随着企业越来越广泛地开展异业合作，企业的异业联盟逐渐兴起，缓解了企业之间的矛盾，同时实现了资源互补利用、提高品牌知名度与影响力的效果。不同的企业之间通过资源置换，利用其他品牌的号召力与知名度，企业之间深度融合，取得竞争优势。企业在开展异业合作时，应十分了解企业自身定位、精准分析用户需求，避免影响合作的效果。

异业合作在企业运作管理相关研究中越来越受到重视。供应链上下游的合作伙伴通过资源整合提升创新能力，已经不能满足企业长期发展的需求，而非供应链内部的异业合作可以成功实现突破，提升企业的创造力。针对异业合作在创新性方面的优势，少数学者针对典型的异业合作案例进行分析，提出企业应当建立特定的组织结构与发展目标，构建与异业合作新业态相适应的创新性发展模式及路径。另外，金融市场中也有少数关于异业合作的研究，如期权市场、股票和债券市场、外汇市场等。此外，一些研究关注了跨市场的商品价格和商业预测。

2.3　平台型企业决策理论与方法

欧盟（2017）将在线平台定义为通过运用各种与互联网连接的数字通信设备，使个人或小实体作为买家和卖家能够有效和高效地"交易"，进行搜索和匹配的数字市场。

随着全球经济的高速发展，供应链的上下游各方已逐渐从竞争关系转变为合作关系。近年来，互联网高速发展，越来越多的在线平台利用现有的技术优势，不断提升服务质量。例如，爱奇艺、芒果TV和腾讯视频仅提供虚拟服务，而首汽约车、京东和Uber则同时提供服务和实物产品。以线上线下一体化（O2O）的商业模式运作的服务供应链被称为平台服务供应链（Liu等，2021）。目前，关于解决与服务供应链相关的问题已经有许多学者开展了研究。服务供应链可以分为两种，一种是只提供虚拟服务的服务型供应链，如金融、电信、互联网服务等；另一种是既提供服务又提供实物产品的产品服务型供应链，如物流、食品零售服务等（Wang等，2015）。大量学者针对平台的定价、服务供应链中的参与者是否应该与平台合作，以及如何更好地与平台开展合作、不同条件下平台的风险控制能力等方面开展了大量研究。例如，Choi等（2019）通过研究发现，当供应链是分散式渠道结构时，剩余食物共享（FLS）平台将使所有参与者的情况变得更好，同时会改善环境。此外，当FLS平台采用集中式管理模式时，回收物流所产生的成本决定了平台以及相关参与者的最优决策。Zhou 等（2018）基于免费客户佣金（FCC）和动态客户佣金（DCC）两种合约类型，研究服务平台如何收取合适的佣金，以及确定最优的供应商数量等，以实现利润最大化的目标。平台经济高速发展深刻改变了消费者的生活方式，付费会员逐渐成为在线平台的核心盈利来源，不断扩大消费者群体成了在线平台成功的关键因素。

另外，随着平台经济的迅速发展，双边市场的概念逐渐为人们所熟知。双边（更一般地说是多边）市场是一个或几个允许最终用户交易的平台，作为一个经济网络，它通过适当地从各方收取费用使双边（或多边）保留在平台上。也就是说，平台吸引各方让它们试图获得（或至少不失去）钱。在一个平台上，交易的双方通过该平台完成交易，并且交易中一边的效用与另一边加入平台的人数或者规模有关系，满足这两个条件的市场才能被称为双边市场。

双边市场主要有需求互补性、交叉网络外部性、价格结构非中性的特点。①双边用户之间的需求互补性是由双边平台的双边性决定的，双边平台的功能是为双边用户提供交易匹配服务的，双边市场一边用户提供的产品或服务能够直接满足另一边用户的需求，他们是相互依存和依赖的。如果两边用户任何一边对该平台提供的产品或服务没有需求，那么即使他们都存在于平台上，该平台的产品或服务价值也不存在。②交叉网络外部性反映的是加入某一网络中的用户的效用和该网络内已存在的用户规模之间的关系。双边市场中的交叉网络外部性是指，在其他条件不变的情况下，平台提高对一边用户的价格，不仅会降低该边用户的规模，还会降低另一边用户的效用，进而造成这两边用户数量同样减少。所以平台在作定价决策时不仅要考虑产品或服务的边际成本、用户需求弹性等因素，还要将两边用户的交叉网络外部性考虑在内。目前大多数学者认为，交叉网络外部性对双边平台服务定价产生了非常重要的影响。③交叉网络外部性引发双边市场"价格结构"问题。价格结构非中性是指双边平台对一边用户的定价发生变化会影响到另一边用户的规模，平台制定的价格不完全反映其边际成本。在实践中，大多数平台会对两边用户制定不同的价格，即"不对称定价"，对交叉网络外部性较弱的一边用户制定一个低的价格，而对交叉网络外部性较强的另一边用户制定较高的价格，从而增加平台吸引的用户总规模。因此，平台可以通过对双边用户价格结构进行调整来优化价格决策。

2.4 本章小结

通过对相关主要概念的阐述，以及对已有研究的梳理与分析，作者发现关于供应链内部的纵向联合促销的研究有很多，制造商和零售商之间的纵向联合促销可以使整个供应链变得更好（Bergen 和 John，1997）。部分学者逐渐聚焦于对横向联合促销的研究，关注如何形成更好的品牌联盟和选择最优的合作伙伴，主要集中在出售互补性产品、竞争性产品的企业如何高效地开展合作（Karray，2011）。此外，随着购物中心的日益普及，对购物中心绩效和消费者活动的研究也逐渐增多。由于电子商务的蓬勃发展和消费者需求的不断变化，购物中心正面临着巨大的挑战，因此利用更有效的方法来区分顾客类型，从而提高购物中心的竞争力就显得越来越重要。

异业合作的出现深刻改变了企业的运营决策，针对不同的合作场景，异业合作将呈现出不同的特点和现实问题。哪些因素决定了异业合作的供应链能够有效地开展联合促销，同时，在联合促销模式下，针对异业合作如何影响生产商、零售商、在线平台以及供应链等最优运营决策的研究几乎为空白。从理论的角度研究联合促销模式下异业合作供应链运营决策，为企业提供科学的理论指导和建议，促进供应链的可持续发展，是十分重要的研究方向。在此基础上，作者总结出以下3个研究方向。

（1）由于消费者购物习惯的改变和大量购物中心的兴起，越来越多的购物中心提供相同属性的商品，导致竞争日益激烈。购物中心通过发行优惠券的方式参与异业合作零售商之间的联合促销活动，消费者可以在购买产品后获得优惠券，并在不同市场的零售商处购物抵免相应的金额，不仅可以增加商场的客流量，而且可以为商场内的零售商寻求更多的发展机会，这一点非常重要。在什么样的条件下，异业合作的零售商会更愿意接受购物中心通过发放优惠券的方式，一起加入联合促销活动；购物中心给消费者提供优惠券的行为对异业合作的零售商，购物中心的最优定价、利润、促销努力等策略会有什么影响；在满足异业合作零售商利润最大化的条件下，优惠券的面额、兑换率等因素对参与者以及供应链绩效会有什么影响，尚未可知，都值得进一步研究。

（2）在线平台的成功运营推动了平台经济的高速发展，付费会员的时代逐渐到来。不同市场上的在线平台共同推出联合会员、开展一系列的促销活动等，希望达到相互引流的目的，将更优质的产品和服务推广给更多的消费者。异业合作的在线平台往往会推出一系列不同价格的产品，这些产品相应地包含了消费者可以享受到的不同权益，产品的定价与服务水平之间有什么样的内在联系，同时在线平台的管理者需要权衡自身对独立促销活动付出的努力、对联合促销活动付出的努力、提升服务水平所带来的成本与获得的利润之间的关系。随着在线平台之间的合作形式逐渐多样化，当市场上存在替代品竞争时，在线平台应该与异业的在线平台合作，还是与竞争对手以及异业的平台一起开展联合促销活动提升平台竞争力，寻求更多的发展机会，在线平台逐渐成了促销活动中的决策主体。此外，学术界还没有对异业合作在线平台开展联合促销活动的特性展开研究，因此，应当基于在线平台之间合作的特征研究其定价与决策理论，丰富相关领域的研究成果，支持平台的运营管理。

（3）循环经济、经济可持续发展已经成为未来经济高速发展的主要推动力。近年来，随着政府、消费者加大对社会可持续发展的关注，在实现"碳达峰、碳中和"目标的大背景下，企业生产可回收、绿色产品的同时，异业合作的企业通过联合促销活动，更有效地将产品合作推广给顾客便成为常态。在已有的研究中，作者发现有少数的研究是针对3D打印产品的定价展开的，但针对3D打印产品单位生产成本以及联合促销活动的影响，异业合作企业的最优定价策略、促销努力支出等决策的定量研究几乎处于空白。因此，有必要研究基于3D打印技术的异业合作企业的最优运营决策，更好地推动3D打印技术的发展与广泛应用。此外，随着企业对于产品绿色投入的增加，异业合作的企业实施一系列的联合促销活动，满足消费者不断变化的需求逐渐成了企业营销的重要手段。在不同的供应链渠道结构下，有必要从管理学角度来探索联合促销对异业合作的企业及供应链的最优定价、绿色投资、促销努力等决策的影响，进而推动供应链的可持续发展。

3 考虑返券优惠的异业合作零售商运营决策

为了降低促销活动的成本，获取更高的利润，提升自身品牌的竞争力，异业合作零售商普遍通过联合促销模式来共同开展促销活动。另外，当零售商如居然之家、红星美凯龙等同处一个购物中心时，购物中心经常会为消费者提供优惠券，消费者在某个零售商处购买商品后会获得优惠券，进而在购物中心内的其他不同市场的零售商处购买商品时，可以用优惠券来抵免一定的金额，这种做法可以吸引更多消费者的关注，增加购物中心的客流量。在这样的背景下，本章研究了联合促销对异业合作的零售商、购物中心最优策略的影响，并探索最佳的优惠券金额。在满足异业合作零售商各自利润最大化的条件下，本章建立了博弈模型来解决发现的研究问题。另外，本章进一步研究了非对称影响因子、非对称市场基本需求、考虑上游制造商参与的情况，分析联合促销对异业合作的零售商、购物中心以及供应链最优策略的影响。本章的研究有助于管理者做出更理性、更科学的决策，从而更好地开展联合促销活动。

3.1 问题描述

价格促销不仅是企业的主要营销策略，也是国内外市场研究的主要方向之一（Gijsbrechts，1993）。但随着市场上的竞争越来越激烈，各种各样的促销手段层出不穷，如闪购、概率销售、联合促销等。企业单独做广告是推销其产品和服务的一种传统、简单的方式。面对日益激烈的竞争，许多企业都开始进行联合促销，以寻求机会来分担促销活动的成本，并从额外的销售中获益，而不必付出高昂的成本。通过联合促销，零售商之间可以分担自己无法独自承担的促销活动成本（Karray，2011），在增加商店的顾客流量的同时，如果可能的话，利用规模经济获得额外的收益（Dunne和Lusch，2008）。

联合促销一般分为纵向联合促销（VJP）和横向联合促销（HJP）（见图3-1）。VJP是制造商向供应链下游的零售商提供补贴进行促销活动的方式，在当前竞争激烈的商业环境下，VJP已成为企业提升整体品牌形象、增加收入的一种流行手段。但是随着企业之间的竞争不断激烈，企业需要找到新的方法来提高促销活动的有效性，以及降低成本。因此，两个或两个以上的品牌将它们的资源集中起来，同时向消费者推销其产品或者服务的做法，已成为相关企业实行营销战略的一个关键因素（Augustine和Cooper，2009；Karray，2011）。这种策略被称为横向联合促销（HJP）策略，而且HJP已经普遍应用于各个行业和市场中（Karray，2011）。

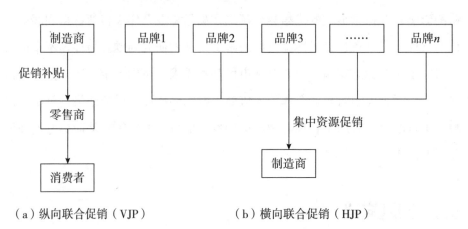

（a）纵向联合促销（VJP）　　　　　　（b）横向联合促销（HJP）

图3-1　联合促销的两类方式

除了出售互补性产品、竞争性产品的企业之间的合作，异业合作的企业共同开展联合促销活动也十分常见。例如，中国"冠军联盟"中的企业都是在各自市场上销量最大、品牌定位相同的企业，它们经常进行联合促销活动。

虽然这些企业在不同的市场上经营，但它们的目标客户相同，所以形成了合作基础。另外，这些不同市场上的企业之间的合作通常发生在大型的购物中心，如居然之家和红星美凯龙。位于同一个购物中心内的企业选择共同来分担组织和促销活动的费用。

除了商家的联合促销活动，购物中心也采取了一系列的促销措施来吸引更多消费者的关注，不仅提高了零售商的利润，还增加了商场的客流量。这是因为购物中心的客流量增加也会相应地增加零售商的销售机会，而购物中心成功的关键取决于作为其租户的零售商的成功。消费者在购物中心内的某个零售商处购买商品后，购物中心通常会向消费者提供优惠券，当消费者在商场内不同市场的其他零售商处购买商品时，可以用优惠券来抵减一定的金额。然而，如何有效地实行这样一种涉及商场以及商场内异业合作零售商的联合促销策略，却有待进一步研究。购物中心通常根据历史的促销数据来设置优惠券的面额，例如，按照总销售额的一定百分比来设置优惠券的面额。以上例子都表明，为了寻求更多的发展机会并提升利润，异业合作零售商开展联合促销是一个值得深入探讨的有趣问题。

虽然异业合作的零售商开展联合促销已经十分普遍，但如何有效地实施此类促销活动更重要。为此，本章考虑了这种场景，即在同一个购物中心内，异业合作的零售商开展联合促销活动，同时购物中心为消费者提供优惠券，消费者在一个零售商处购物之后可以获得相应面额的优惠券，用来在其他零售商处消费时使用。本章建立了博弈论模型来解决以下3个问题。①哪些因素促使异业合作零售商追求联合促销？②联合促销对异业合作零售商的最优促销策略有什么影响？③异业合作零售商追求联合促销是否会获得更高的利润？

根据发现的研究问题，首先，本章探讨了在购物中心不提供优惠券和提供优惠券的两种情况下，异业合作零售商分别追求联合促销的条件；其次，比较两种促销策略下的均衡结果，以确定联合促销对异业合作零售商在有或没有商场参与的情况下最优策略的影响；最后，本章通过数值实验以及扩展模型，进一步分析联合促销的影响。

3.2　考虑返券优惠的异业合作零售商联合促销决策模型

鉴于出售不同家居建材产品的零售商开展联合促销活动十分流行，图3-2展示了一个典型消费者在综合性的家居购物中心内一般的购买顺序。在大型的购物中心内（如居然之家和红星美凯龙），除了零售商之间的促销活动，购物中心经常会以返券的方式，一起参与零售商之间的促销活动。消费者在某个零售商处购买商品后会获得优惠券，在其他零售商处购买商品时，可以用优惠券抵减一定金额。

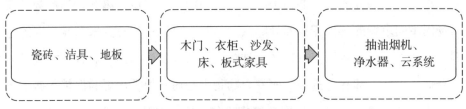

图3-2　消费者购买家具建材的一般顺序

3.2.1　模型描述

在构建考虑3D打印成本的异业合作生产商联合促销决策模型之前，本节首先给出了本章中使用的相关符号的定义，如表3-1所示。

表3-1	参数表
符号	含义
v	基本市场需求
β	价格对需求的影响系数
p_i	零售商 i 的产品零售价格
q_i	消费者对零售商 i 产品的需求
b_i	零售商 i 开展联合促销活动付出的努力程度
θ	联合促销所付出的努力对需求的影响系数
G	购物中心决定的优惠券面额

符号	含义
e	优惠券面额对需求的影响系数
α	优惠券的兑换率
π_i	零售商 i 的单位利润

考虑这样一种情景，在一个购物中心内，有两个零售商，即零售商 i（ $i=$ 1，2）在不同的市场中经营，同时在各自的市场中都处于垄断地位。两个零售商在追求 HJP 时，通过合作只开展包括广告、行政支出等在内的联合促销活动，没有购物中心的直接参与，本章把这种情景当作研究的基本场景，记为 N-HJP，即无优惠券的 HJP。另外，将购物中心向消费者提供优惠券的场景记为 C-HJP，即有优惠券的 HJP。通过对居然之家的实地调研，我们发现大多数消费者在购买家居建材产品时，通常是按照图 3-1 所示的一般装修顺序进行的。因此，在本章的研究中，我们称消费者在源市场购物后可以获得优惠券的零售商为零售商 1，在目标市场中使用优惠券进行消费的零售商为零售商 2。

根据相关联合促销以及供应链运营管理相关文献，假设消费者对零售商 i 产品的需求 q_i 与价格 p_i 呈线性关系。我们将为开展联合促销活动付出的努力表示为 $b_i + b_{3-i}$。根据 Karray（2011）的研究，假设异业合作零售商拥有相同的基本市场需求 v，这里表明两个零售商在各自市场中的地位相同，消费者对这两个零售商没有偏好，因此不存在投机行为。本章假设零售商的行为会产生对称效应，即异业合作零售商各自的零售价格对需求的影响系数 β，联合促销活动对需求的影响系数 θ，都是相同的。假设 b_i^2 是零售商 i 的促销成本，用于联合促销活动的支出，如广告、管理费用、行政支出等，这在市场营销文献中是经常使用的（Chu 和 Desai，1995；Karray，2011；Karray 和 Sigué，2018）。在不失一般性的情况下，将异业合作零售商产品的单位生产成本标准化为 0。由于两个零售商处于不同的市场，因此在产品定价上没有主从关系。

另外，本章主要关注异业合作零售商开展联合促销活动以外，购物中心是否向消费者发放优惠券加入联合促销活动，异业合作零售商不会直接设定较低的零售价格来吸引消费者。因此，本章将价格作为零售商的决策变量，研究联合促销模式下异业合作零售商的最优运营决策。

3.2.2　模型构建

本章主要针对联合促销对异业合作零售商定价、促销努力、利润等最优策略的影响进行研究，从而在式（3-1）和式（3-2）中表示了联合促销如何影响异业合作零售商的最优策略。当异业合作零售商开展 N-HJP 时，利润最大化的问题可以表示为：

$$\max \pi_i = p_i\left[v - \beta p_i + \theta\left(b_i + b_{3-i}\right)\right] - b_i^2 \tag{3-1}$$

在式（3-1）中，第一部分代表了零售商的收益，第二部分代表了联合促销活动带来的成本。

本章主要研究了在购物中心可能参与联合促销的情况下，HJP 对异业合作零售商最优决策的影响。如何通过各种手段直接提高购物中心的利润，超出了本章的研究范围。因此，在本章的模型中，通常由购物中心决定的优惠券面额 G 是外生变量。同样地，假设在每个零售商的需求函数中，优惠券对需求的影响，以及优惠券的兑换率都是相同的。当优惠券对需求的影响相当大时，无论优惠券的面额如何变化，只要提供优惠券就会吸引更多的顾客到购物中心来购物，这种情况在现实生活中并不多见。所以，本章假设 $e < \alpha\beta$ 更贴近现实情况。

另外，当购物中心向消费者提供优惠券时，发行优惠券所带来的成本由两个零售商平均分摊。因此，在 C-HJP 下，异业合作零售商利润最大化问题如式（3-2）所示：

$$\max \pi_i = p_i\left[v - \beta p_i + \theta\left(b_i + b_{3-i}\right) + eG\right]$$

$$-\frac{G\alpha\left[v-\beta p_1+\theta(b_i+b_{3-i})+eG\right]}{2}-b_i^2 \tag{3-2}$$

β、θ、e、α 都是正值，且 α 在 0 到 1 的范围内变化。在式（3-2）中，第一部分代表零售商的收入，第二部分代表从零售商 1 处购买商品后收到优惠券的客户，以一定折扣购买零售商 2 的产品所带来的成本，第三部分代表联合促销活动的成本。

3.2.3　模型求解

根据以上建立的模型，分别求解在 N-HJP 和 C-HJP 情况下相关变量的最优解。其中，N-HJP 在本章的研究中为基本参照模型，异业合作零售商同时做出利润最大化的决策。在本章的模型中，购物中心提供的优惠券是一个外生变量。因此，通过求解利润对价格以及促销努力的一阶条件，得到了在满足零售商利润最大化时，N-HJP 和 C-HJP 两种情形下的纳什均衡解。

异业合作零售商都有能力管理各自的营销活动，如定价、广告、行政支出等，当零售商寻求利润最大化时，也可以同时确定购物中心提供的优惠券的最佳面额。为了使异业合作零售商的利润最大化，首先，针对相应的海森矩阵进行研究，确保利润函数为凹函数。在此基础上，经研究得出了 HJP 可行的条件：$2\beta-\theta^2>0$。此外，为了保证 HJP 的成功，N-HJP 以及 C-HJP 情形下，均衡解都必须满足以下条件：$p_i>0$，$b_i>0$，$q_i>0$，以及 $\pi_i>0$，均衡解如表 3-2 所示。

表3-2　　　　　　　　　　　　　均衡解

N-HJP	N-HJP	C-HJP	C-HJP
零售商1	零售商2	零售商1	零售商2
$p_1=\omega$	$p_2=\omega$	$p_1=\dfrac{\varphi_1\omega}{8v}$	$p_2=\dfrac{\varphi_2\omega}{8v}$

N-HJP	N-HJP	C-HJP	C-HJP
$b_1 = \theta\omega$	$b_2 = \theta\omega$	$b_1 = \dfrac{\theta\omega\gamma_1}{16v}$	$b_2 = \dfrac{\theta\omega\gamma_2}{16v}$
$q_1 = \beta\omega$	$q_2 = \beta\omega$	$q_1 = \dfrac{\beta\omega\gamma_1}{8v}$	$\dfrac{\beta\omega\varphi}{}$
$\pi_1 = \dfrac{\left(4\beta - \theta^2\right)\omega^2}{4}$	$\pi_2 = \dfrac{\left(4\beta - \theta^2\right)\omega^2}{4}$	$\pi_1 = \dfrac{x_1^2\omega^2}{16v^2}$	$\pi_2 = \dfrac{x_2^2\omega^2}{16v^2}$

3.3 策略对比分析：返券或不返券

根据以上分析得到的均衡解，本节首先得到了在 N-HJP 和 C-HJP 两种情况下，异业合作零售商顺利开展联合促销的条件，然后比较了 C-HJP 下异业合作零售商的价格、需求、利润以及对联合促销付出的努力，来寻求 HJP 的影响，最后比较了 N-HJP 和 C-HJP 的均衡解，进一步探索联合促销对参与者的影响，以及零售商是否应该追求 HJP 来开展促销活动。

命题 3-1 当 $\theta < \sqrt{2\beta}$ 时，异业合作零售商将追求 N-HJP 和 C-HJP。

结果表明，异业合作的零售商是否会追求 HJP，主要取决于联合促销活动以及价格对需求的影响。此外，当异业合作零售商开展 HJP 时，如果联合促销活动对需求的影响较大，两个零售商都会加大对联合促销的投入，以吸引更多的消费者。然而，随着支出的增加，两个零售商可能都无法实现利润最大化的目标，因此联合促销活动对需求的影响必须有一个上限。

命题 3-2 在 C-HJP 模式下，优惠券面额及其对需求的影响也会影响异业合作零售商追求 HJP 的意愿，并且随着优惠券对需求影响的变化而不断变化。

当优惠券面额相对较小时，异业合作的零售商可以通过广告等促销活动，来保证 HJP 的成功，并很好地促销各自的产品。相反地，当优惠券面额相对较大时，联合促销活动吸引顾客的效果不能太小，否则不能产生相辅相成的效果，来保证 HJP 的成功实施。如果优惠券对需求的影响相对较小，也就是说，优惠券对促进消费者购买产品的作用较小，那么优惠券面额越高，越可能导致零售商利润减少，甚至整个联合促销活动的失败。因此，优惠券的面额不宜过高。此外，当优惠券对需求的影响相对较大时，优惠券面额越高，吸引的消费者越多，越能提升零售商的利润。此外，优惠券的面额对 C-HJP 的成功以及购物中心的可持续发展具有重要意义。当优惠券面额相对较大时，零售商的成本相应增加，而联合促销吸引消费者的效果必须相对显著，否则零售商可能无法实现利润最大化的目标。

除了分析 HJP 可以顺利实施的条件之外，本节首先比较了两个零售商在 C-HJP 下的均衡结果，然后，比较了 N-HJP 和 C-HJP 两种情况下的均衡解，探讨了 HJP 对异业合作零售商以及购物中心的影响。

命题 3-3　在 C-HJP 模式下，研究发现较高的价格会导致：

① 源市场上的零售商 1 对联合促销付出更多的努力；

② 目标市场上的零售商 2 有更高的消费者需求及利润。

当购物中心向消费者提供优惠券时，异业合作零售商的价格、需求、对联合促销付出的努力以及利润都不相等。在优惠券的诱惑下，更多的顾客流向目标市场上的零售商 2，零售商 2 的产品曝光率更高，使得一些顾客在浏览之后购买了产品。由于优惠券产生了折扣方面的吸引力，消费者会选择在两个零售商处同时消费，选择在目标市场上零售商 2 处进行消费的顾客相对更多。因此，目标市场上零售商 2 的需求和利润相比之下都要高得多。当购物中心向消费者提供优惠券时，源市场上的零售商 1 希望向客户传达，尽管它销售不同的产品，但其通过让消费者以折扣价在另一家零售商购买不同的产品，为消费者提供更全面的覆盖范围，购买其产品给了消费者更多的优惠待遇。因此，源市场上的零售商 1 更愿意投入更多的广告并进行宣传，促使消费者购买自己的产品。同时，由于零售商 1 对联合促销的支出较高，为了赚取利润，会设定较高的零售价格。

接下来，本节通过比较 N-HJP 和 C-HJP 两种情形下的均衡解，进一步探索HJP对异业合作零售商以及购物中心的影响，可以得到以下结果。

命题3-4 比较异业合作零售商对联合促销的投入，可以得出以下结论：

①当优惠券对需求的影响相对较小时，两个零售商都会减少对HJP的支出；

②当优惠券对需求的影响相对较大时，随着优惠券面额的增加，两个零售商会加大对HJP的支出。

当HJP可行且优惠券对增加消费者需求的作用有限时，无论其他因素如何变化，异业合作零售商都不会对HJP付出更多的努力。因此，此时优惠券已经成为两个零售商的经营负担。当优惠券对增加消费者需求的效果明显时，异业合作零售商会加大对HJP的支出。具体来说，当优惠券面额增加时，两个零售商都会加大对HJP的投资。它们想让更多的消费者知道，除了联合促销活动，消费者还能够享受到另外一种优惠，进一步增强了优惠券的积极促销效果，从而吸引更多的潜在消费者到购物中心浏览商品，增加销售的机会。

命题3-5 比较异业合作零售商的价格和消费者对产品的需求，可以得出以下结论：

①当优惠券对需求的影响相对较小时，两个零售商的价格和消费者对产品的需求不一定高于N-HJP下的结果；

②当优惠券对需求的影响相对较大时，两个零售商的价格和消费者对产品的需求都高于N-HJP下的结果。

就价格而言，当优惠券对吸引消费者的效果相对较小时，如果联合促销活动也不能很好地吸引消费者，两个零售商都会提高价格来抵销成本。随着联合促销活动有效性的提高，两个零售商都会降低价格，让消费者在购物时感受到促销活动带来的价格折扣。在消费者对产品的需求变化方面，当联合促销对需求的影响相对较大时，虽然异业合作零售商都吸引了更多的顾客，但消费者会发现折扣并没有零售商宣传的那么大。同时，为了控制优惠券带来的成本，两个零售商对HJP的支出都会减少，因此消费者对两个零售商产品的需求量都低于N-HJP时的结果。当联合促销对需求的影响相对较小时，虽然零售商降低了宣传力度，但消费者到店后发现店内的实际折扣比宣传的要大，所以消费者对产品的实际需求可能比以前更高。当优惠券对吸引消费者的效果相对较大时，HJP能够吸引消费者从两个零售商处购买更多的产品，同时随着需求的增加，两个零售商会相应地提高价格来获取更高的利润。

命题3-6　比较零售商1的利润，可以得出以下结论。

①当优惠券对需求的影响相对较小时，价格和消费者对产品的需求同时上升或下降，从而会导致利润相应地增加或减少。另外，价格或需求的下降都会导致利润的下降。

②当优惠券对需求的影响相对较大时，一定会比在N-HJP模式下获得更高的利润。

当优惠券对需求的影响相对较小时，特别是当 $e \leqslant \dfrac{\alpha\beta}{2}$ 时，C-HJP模式下消费者对商品的需求一定比N-HJP模式下对商品的需求低。虽然在某些联合促销可以顺利实施的条件下，产品的零售价格可能较高，但价格的增加不能弥补需求的损失和优惠券所带来的成本，因此导致利润下降。当 $\dfrac{\alpha\beta}{2} < e < \dfrac{3\alpha\beta}{4}$ 时，随着优惠券面额的变化，价格和需求同时增加或减少，利润也相应地增加或减少。此外，价格或需求的下降都会导致利润的减少。当优惠券对需求的影响相对较大时，零售商1更愿意接受购物中心提供的优惠券，从而获取更多的利润。

命题3-7　比较零售商2的利润，可以得出以下结论。

①当优惠券对需求的影响相对较小时，价格和消费者对产品的需求同时下降，也会导致利润下降。更高的价格和更多的需求不一定会带来更高的利润。

②当优惠券对需求的影响相对较大时，零售商的利润一定高于N-HJP模式下的结果。

当优惠券对需求的影响相对较小时，价格和消费者的需求同时下降，最终会导致零售商2的利润下降。如果价格和消费者的需求同时上涨，优惠券的影响是有限的，无法抵销优惠券的成本和促销活动的其他成本，因此会导致利润下降。当购物中心给消费者提供优惠券时,零售价格上涨可能会导致购物中心的顾客流量减少,同时降低零售商2的利润,最终降低购物中心的利润。因此,恰当面额的优惠券对零售商以及购物中心都是很重要的。当优惠券对需求的影响相对较大时,零售商2可以获得较高的利润,目标市场上零售商2的盈利能力一定高于源市场上的零售商1。

3.4 数值实验

本节根据以上购物中心是否提供返券优惠的情况,分析异业合作零售商顺利开展联合促销的可行条件,以及相关最优策略比较的研究结果。作者通过进行数值研究来深入了解联合促销模式下,异业合作零售商的运营决策,以及不同的模型参数取值会如何影响最优策略。

假设 $v = 40$, $\alpha = 0.5$ 和 $\beta = 2$,在联合促销可行的范围内,本节检验了零售商1在N–HJP和C–HJP模式下的利润变化,探索零售商是否愿意追求联合促销。考虑当 $e < \alpha\beta$ 时,零售商1的利润变化情况。当优惠券对需求的影响相对较小时,源市场中零售商1的利润变化有明确的分界线。在C–HJP下,零售商1未必会比N–HJP模式下获得更高的利润。当联合促销活动对需求的影响低于临界点时,C–HJP模式下零售商1可以获得较高的利润。当优惠券对需求的影响相对较大时,无论其他参数如何变化,在C–HJP模式下,零售商1都会获得更高的利润。

3.5 扩展模型

为了扩大本章模型的适用范围,本节放宽了上述模型中的一些严格假设,进一步研究了HJP对异业合作零售商最优决策的影响。本节考虑供应链上游的制造商对联合促销的影响,进一步探索在不同的情景下,联合促销对参与者最优决策的影响。

假设在两个不同的市场中，分别有对应的两个上游制造商 π_{mi}，$i=1,2$。零售商 i（$i=1,2$）从各自的制造商处购买产品，批发价格为 ε_i，两个供应链都是分散式的渠道结构。同样地，本节假设消费者对两个零售商产品的基本市场需求为 v_i，源市场中的零售商 1 承担发行优惠券所产生成本的 δ 部分，因此，目标市场中的零售商 2 承担剩余 $1-\delta$ 的部分。

在 N–HJP 和 C–HJP 两种促销模式下，本节主要考虑了两阶段非合作决策过程。首先，制造商决定其出售给零售商产品的批发价格。其次，零售商根据制造商给定的批发价格，来决定其为联合促销的投入以及零售价格等最优策略。因此，可以得到在 N–HJP 和 C–HJP 模式下，消费者对产品的需求如式（3-3）和式（3-4）所示：

$$D_i = v_i - \beta p_i + \theta\left(b_i + b_{3-i}\right) \tag{3-3}$$

$$D_i = v_i - \beta p_i + \theta\left(b_i + b_{3-i}\right) + eG \tag{3-4}$$

在不失一般性的前提下，将生产这两种产品的单位生产成本标准化为零。因此，根据以上的需求函数，可以得到零售商、制造商在 N–HJP 以及 C–HJP 模式下各自的利润函数，如表 3-3 所示。

表3-3　　　　　　　　　　　分散式渠道结构下的利润函数

	N–HJP	C–HJP
零售商1（π_{r_1}）	$\left(p_1 - \varepsilon_1\right)D_1 - b_1^2$	$\left(p_1 - \varepsilon_1\right)D_1 - \delta G\alpha D_1 - b_1^2$
零售商2（π_{r_2}）	$\left(p_2 - \varepsilon_2\right)D_2 - b_2^2$	$\left(p_2 - \varepsilon_2\right)D_2 - (1-\delta)G\alpha D_1 - b_2^2$
制造商（π_{mi}）	$\varepsilon_i D_i$	$\varepsilon_i D_i$

异业合作的零售商除了分别受到各自供应链上游制造商的影响，同样地，通过研究两个供应链在不同成本分担率下的利润，来分析联合促销对供应链的影响。对于两个供应链而言，联合促销的成功与否主要取决于零售价格、联合促销活动、优惠券对需求影响的大小，以及优惠券分摊成本的比例、优惠券面额和制造商的批发价格。当优惠券成本分担比例较大时，如果联合促

销活动对需求的影响也相对较大，那么参与C–HJP的两个供应链都可能获得
比N–HJP模式下更高的利润。

3.6   本章小结

为了寻求更多的商机，增强自身的品牌竞争力，零售商越来越广泛地开
展横向联合促销活动（HJP），这意味着两个或多个品牌将资源集中在一起，
同时向消费者推广产品和服务。处于不同市场上的家居建材产品的零售商，
共同开展HJP的应用非常广泛，例如，销售抽油烟机的方太和销售地板的圣
象零售商之间的合作，通过丰富的促销活动来共同开展联合促销。尽管这些
零售商分别处于不同的市场，但它们具有相同的目标客户群，消费者都希望
购买合适的产品来装饰自己的房子。此外，这些零售商经常同处一个大型的
购物中心内，购物中心的管理者为了增加客流量以及实现可持续发展等目的，
会加入零售商之间的联合促销活动。虽然这种异业合作零售商之间的联合促
销广泛存在，但如何有效实施联合促销，以及联合促销活动对异业合作的零
售商、购物中心、供应链最优决策的影响，在以往的研究中还没有得到充分
考虑。

本章主要针对异业合作零售商开展联合促销活动的特点，研究哪些因素
会决定异业合作零售商追求联合促销，以及联合促销对实施促销计划的零售
商最优决策的影响。与以往研究针对供应链内部制造商与零售商之间的合作、
出售竞争性产品或者互补性产品零售商之间的合作不同，本章将研究扩展到
探索当异业合作的零售商开展联合促销时，购物中心同时可能会通过返券的
方式来一起参加联合促销，消费者可以在源市场中的零售商处购买产品后获
得优惠券，并在目标市场中的零售商处消费，用优惠券减免一定的金额，购
物中心用这种方法来吸引更多的顾客，分析此时所有参与者的最优策略。此
外，本章通过数值实验以及研究非对称基本市场需求、非对称影响系数、考
虑供应链上游制造商影响的三种扩展模型，验证并进一步分析了联合促销对

参与者最优决策的影响。

　　本章的研究结果表明：①异业合作的零售商是否会追求联合促销主要取决于联合促销活动的有效性和需求的价格效应。此外，当购物中心同时给消费者提供返券优惠时，异业合作的零售商应根据优惠券的面额及对消费者需求影响的变化，不断调整自身的经营策略，来保证联合促销的成功实施。②当购物中心给消费者提供优惠券时，源市场上零售商的零售价格较高，同时也会为了联合促销活动付出更多的努力。但源市场的零售商此时的顾客需求较小，且价格较高，导致其获得的利润比目标市场上的零售商低。③与购物中心没有提供优惠券的情况对比分析，当优惠券对顾客的需求影响相对较大时，随着优惠券面额的增加，两个零售商都愿意为了联合促销付出更多的努力，进一步增强促销活动吸引消费者的效果，吸引更多的消费者来购买零售商的产品。此外，随着消费者需求的增加，异业合作零售商都会设定较高的零售价格来追求更高的利润。因此，两个零售商的盈利能力都比较好，购物中心以返券的方式加入联合促销，可以使它们获得更高的利润。相反地，当优惠券对需求的影响相对较低时，购物中心向消费者提供优惠券并不一定会让零售商的情况变得更好。

　　本章的研究主要有三个方面的贡献：①分析了异业合作的零售商在追求HJP过程中的盈利能力和最优策略；②与以往的研究多针对零售商之间的联合促销活动不同，本章的研究同时考虑了购物中心可能会为消费者提供优惠券，来参加零售商之间的联合促销活动的情况；③本章的研究结果有助于异业合作的零售商更有效地开展联合促销获得更高的利润，这在以往的研究中很少涉及。

4 考虑3D打印成本的异业合作生产商运营决策

在工业4.0时代，3D打印作为一项革命性的技术，迅速推动制造业向智能化转变。为了满足消费者对定制化产品的需求，以及节约生产商采用3D打印技术生产产品的相关成本，基于3D打印技术开展的异业合作越来越普遍。另外，合作的企业除了通过自身的努力开展独立促销活动，还一起开展联合促销活动，以更高效的方式向消费者推广3D打印产品，期望达到消费者引流，提升自身及供应链的竞争力的目的。基于异业合作生产商在联合促销中的特点及实际问题，本章考虑了3D打印产品的生产成本、独立促销努力、联合促销努力等因素对参与者最优策略以及绩效的影响，识别驱动异业合作生产商基于3D打印技术开展联合促销的因素，通过比较独立促销与联合促销两种模式下的最优均衡解，探索了企业最优运营策略。本章进一步通过研究成本分摊契约下，联合促销对企业最优决策的影响，为管理者提供运营建议与解决方案，推动循环经济高速发展。

4.1 问题描述

增材制造也称为3D打印技术，是制造业中的关键创新技术（Sasson和Johnson，2016），促进工业4.0快速发展（Dilberoglu等，2017）。2019年全球3D打印行业整体市场规模达到了1196亿美元，增长率高达29.9%。同时，随着中国3D打印市场的快速发展，2021年市场规模可能超过300亿美元。

随着技术的不断完善和制造成本的降低，3D打印技术逐渐普及（Rayna和Striukova，2015）。尤其在工业4.0时代，3D打印对于智能化生产具有重要意义。德国运动品牌阿迪达斯在2015年发布了其与比利时3D打印公司Materialise合作开发的3D打印跑鞋"Futurecraft 3D"。这款创新产品吸引了大量消费者的关注。鉴于阿迪达斯这一成功的案例，随后，3D打印公司Prodways与耐克合作3D打印篮球鞋，3D打印公司Formlabs与New Balance联合生产跑步鞋。在传统的汽车制造行业，类似的合作还有很多，例如，汽车制造企业吉利、哈弗与3D打印公司Vistar合作，奥迪与3D Hubs合作。此外，航空航天、建筑、艺术、消费品等各行业中都有大量类似的合作。生产商通过合作寻求以更低的成本和更高效的方式促进3D打印技术的广泛应用，并且通过异业合作，将市场渗透到自己的单一市场之外，增加产品在广大客户中的曝光率，寻求供应链的可持续发展。

受新冠疫情的影响，当传统制造技术受到运输系统中断的影响时，3D打印技术是解决医疗用品短缺的较好选择。美国、意大利等国已经应用3D打印技术生产呼吸机部件、个人防护口罩，解决应急物资短缺的问题。此外，3D打印公司Prodways和3D Hubs与医疗科技厂商合作，生产医疗器械和防护用品的关键部件。随着3D打印技术在各行业的发展和应用，越来越多的生产商选择与专业的3D打印公司合作。当异业合作生产商采用3D打印技术来共同生产各种类型的产品时，产品生产成本对异业合作的影响是显著的。在利用新颖的技术生产产品以外，合作方通过独立开展促销活动，或者共同开展一系列的联合促销活动，高效地把产品推销给顾客，权衡产品的生产成本以及促销活动所带来的成本，对异业合作是否可以顺利地开展具有重要的意义。

不同行业或市场中经营的企业，基于3D打印技术合作促销其产品或服务是一个需要关注的新现象。但关于此类合作的研究却很少，在联合促销模式下，企业对合作方以及供应链的最佳运营决策也所知甚少。此外，联合促销模式对企业及供应链潜在的理论意义也是未知的。因此，本章针对采用3D打印技术合作的不同市场上的企业，综合权衡产品的生产成本，以及独立促销活动和联合促销活动所带来的促销成本，开展一系列的促销活动来推销产品，寻求扩大市场消费者群体，实现相互引流目标的行为，探索联合促销模式下管理者的最优运营策略，推动供应链的可持续发展。具体而言，本章在满足异业合作企业利润最大化的条件下，通过建立博弈论模型来解决以下问题。①在什么条件下，基于3D打印技术开展异业合作的企业，可以成功实施联合促销？②产品的生产成本对联合促销的成功开展有什么影响？③联合促销对企业的最优策略有何影响？本章的其余部分组织如下：4.2节根据研究问题来构建模型，求解得出纳什均衡结果；4.3节对生产商等最优运营策略进行比较分析；4.4节进行了数值实验，更加直观地帮助管理者做出科学的决策，提升企业绩效；4.5节进一步探讨了成本分摊契约下，异业合作企业的最优运营策略；4.6节对本章进行了总结。

4.2　考虑3D打印成本的异业合作生产商联合促销决策模型

　　本章的研究旨在帮助生产商权衡产品生产成本，以及促销活动等成本，选择最优的合作方式，来更有效地留住现有的消费者，刺激消费者的购买欲望，同时通过联合促销吸引更多新的消费者关注。首先，本节系统性介绍了研究中使用的符号以及假设。其次，本节分别考虑了独立促销方案和联合促销方案下异业合作企业的需求和利润函数。最后，本节推导出相关变量的纳什均衡解，分析均衡结果的性质并讨论对应的管理意义。

4.2.1　模型描述

　　本章考虑异业合作企业共同开展联合促销活动（见图4-1），即企业 i（$i=1, 2$），两者之间不存在领导者与追随者的关系，同时做出最优决策来实现利润最大化的目标。当两个企业之间不存在合作关系时，它们只是通过开展单独的促销活动来独立推广各自的产品，本章将其视为基础场景，记为独立促销模式。另外，本章将异业合作双方除了通过各自的努力单独进行促销活动，同时为了联合促销活动付出大量的努力来进行产品推广的情况，记为联合促销模式。如果合作双方采用联合促销，企业i不仅可以刺激自己市场中潜在消费者的需求，还可以吸引另一家企业消费者的关注，从而扩大自己产品的消费者群体（Biswas，2014）。此外，本章用上标0表示独立促销情景下的变量与均衡解，方便与联合促销的情景进行区分。

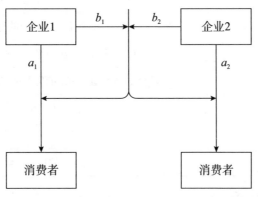

图4-1　异业合作企业共同开展联合促销活动

本章将企业i为促销产品对独立促销活动付出的努力表示为a_i，对联合促销活动付出的努力表示为b_i。假设两个市场中的消费者总数为v，分割市场的比例为α（$0 \leqslant \alpha \leqslant 1$）。因此，合作双方在各自市场中所面临的基本顾客数量分别为：αv和$(1-\alpha)v$。根据联合促销相关的研究，本章假设消费者对产品i的需求d_i与产品的价格p_i成反比。同时，消费者对产品i的需求d_i，随着对独立促销活动付出的努力a_i和对联合促销活动付出的努力b_i的上升而增加（Karray，2015；Yu等，2021）。本章还假设合作双方的行为具有对称效应，即在双方的需求函数中，价格对需求的影响系数γ、独立促销活动所付出的努力对需求的影响系数ω、联合促销活动所付出的努力对需求的影响系数θ是相同的（Karray，2011）。相关符号的定义，如表4-1所示。

表4-1 参数表

符号	含义
v	两市场中的消费者需求总数
γ	价格对需求的影响系数
p_i	企业i的产品零售价格
d_i	消费者对产品i的需求
α	企业1产品分割市场的比例
b_i	企业i对联合促销付出的努力程度
a_i	企业i对独立促销付出的努力程度
ω	独立促销活动所付出的努力对需求的影响系数
θ	联合促销活动所付出的努力对需求的影响系数
c_i	产品i的单位生产成本
c_3	3D打印产品的单位生产成本
π_i	企业i的单位利润

4.2.2 模型构建

假设两种产品的单位生产成本为c_{io}。在独立促销下，每个企业独立推广各自的产品，则消费者对各自产品的需求如式（4-1）、式（4-2）所示：

$$d_1^0 = \alpha v - \gamma p_1^0 + \omega a_1^0 \tag{4-1}$$

$$d_2^0 = (1-\alpha)v - \gamma p_2^0 + \omega a_2^0 \tag{4-2}$$

假设促销成本是为促销活动付出努力的二次函数（Chu，1995；Karray，2011）。因此，a_i^2和b_i^2分别是企业i进行独立促销活动和联合促销活动的相关成本（如广告费用和行政费用）。因此，独立促销情景下，双方的利润函数如式（4-3）、式（4-4）所示：

$$\pi_1^0 = \left(p_1^0 - c_1\right)\left(\alpha v - \gamma p_1^0 + \omega a_1^0\right) - \left(a_1^0\right)^2 \tag{4-3}$$

$$\pi_2^0 = \left(p_2^0 - c_2\right)\left[(1-\alpha)v - \gamma p_2^0 + \omega a_2^0\right] - \left(a_2^0\right)^2 \tag{4-4}$$

当异业合作生产商实施联合促销时，双方面对的市场消费者不仅包括其本身的消费者，还包括合作伙伴的消费者。因此，两个市场中的基本潜在顾客的数量都为 v。同时，将3D打印产品的单位生产成本表示为 c_3。所以，联合促销情景下，异业合作企业的利润函数如式（4-5）所示：

$$\pi_i = (p_i - c_3)\left[v - \gamma p_i + \omega a_i + \theta(b_i + b_{3-i})\right] - a_i^2 - b_i^2 \qquad （4-5）$$

在式（4-3）、式（4-4）和式（4-5）中，第一项代表联合促销活动带来的收入，第二项代表开展独立促销活动产生的成本，第三项代表开展联合促销活动产生的成本。

4.2.3 模型求解

根据以上建立的模型，通过分别求解一阶条件：$\dfrac{\partial \pi_i^0}{\partial p_i} = \dfrac{\partial \pi_i^0}{\partial a_i} = 0$ 和 $\dfrac{\partial \pi_i}{\partial p_i} = \dfrac{\partial \pi_i}{\partial b_i} = \dfrac{\partial \pi_i}{\partial a_i} = 0$，异业合作的企业同时做出决策，实现各自利润最大化的目标。本节得出了独立促销和联合促销情景下的相关纳什均衡解及利润，如表4-2所示。另外，为了满足合作成功的要求，模型中的所有均衡结果都必须是正值。

表4-2　　　　　　　　　　　　　　　　均衡解

独立促销	独立促销	联合促销
$p_1^0 = \dfrac{c_1(2\gamma - \omega^2) + 2v\alpha}{4\gamma - \omega^2}$	$p_2^0 = \dfrac{c_2(2\gamma - \omega^2) + 2v(1-\alpha)}{4\gamma - \omega^2}$	$p_i = \dfrac{c_3(2\gamma - \omega^2 - 2\theta^2) + 2v}{4\gamma - \omega^2 - 2\theta^2}$
$a_1^0 = \dfrac{\omega(v\alpha - c_1\gamma)}{4\gamma - \omega^2}$	$a_2^0 = \dfrac{\omega(v(1-\alpha) - c_2\gamma)}{4\gamma - \omega^2}$	$a_i = \dfrac{\omega(v - c_3\gamma)}{4\gamma - \omega^2 - 2\theta^2}$
		$b_i = \dfrac{\theta(v - c_3\gamma)}{4\gamma - \omega^2 - 2\theta^2}$
$d_1^0 = \dfrac{2\gamma(v\alpha - c_1\gamma)}{4\gamma - \omega^2}$	$d_2^0 = \dfrac{2\gamma(v(1-\alpha) - c_2\gamma)}{4\gamma - \omega^2}$	$d_i = \dfrac{2\gamma(v - c_3\gamma)}{4\gamma - \omega^2 - 2\theta^2}$
$\pi_1^0 = \dfrac{(c_1\gamma - v\alpha)^2}{4\gamma - \omega^2}$	$\pi_2^0 = \dfrac{(c_2\gamma - v(\alpha-1))^2}{4\gamma - \omega^2}$	$\pi_i = \dfrac{(v - c_3\gamma)^2(4\gamma - \omega^2 - \theta^2)}{(4\gamma - \omega^2 - 2\theta^2)^2}$

4.3 策略对比分析：联合促销或独立促销

根据以上得到的最优均衡解及利润，首先，本节分析了异业合作生产商可以顺利开展联合促销、成功促销3D打印产品、吸引更多消费者的条件。其次，本节比较分析了独立促销与联合促销两种情景下，企业的最优决策与利润，帮助管理者在实际运营过程中，合理地分配促销支出，推动供应链的可持续发展。

命题4-1 当满足以下条件时，异业合作的生产商可以成功开展联合促销。

① $c_3 < \dfrac{v}{\gamma}$ 和 $\theta < \sqrt{\dfrac{4\gamma - \omega^2}{2}}$

② $c_3 > \dfrac{v}{\gamma}$ 和 $\sqrt{\dfrac{4\gamma - \omega^2}{2}} < \theta < \sqrt{4\gamma - \omega^2}$

当异业合作的企业采用3D打印技术来生产满足消费者的定制化产品需求时，联合促销活动的成功与否，不仅取决于产品的单位生产成本，还受到价格、独立促销活动和联合促销活动对需求的影响。即使联合促销活动确实可以吸引更多的消费者，但是根据产品单位生产成本的变化，以及影响联合促销是否成功的各种因素的变化，管理者相应地做出最佳决策是非常重要的。当3D打印产品单位生产成本相对较高，联合促销可以吸引更多消费者的关注、有效地提升消费者的需求时，生产商可以在独立促销活动以及联合促销活动中投入更多的努力。在权衡产品生产成本以及促销成本的情况下，合作双方不会为了联合促销付出更多的努力来进行促销。在满足联合促销可以顺利实施的条件下，生产商可以通过开展联合促销，以及推出3D打印的产品，在追求利润最大化的同时吸引更多的消费者，来追求供应链的可持续发展。

命题4-2 在联合促销模式下，对比生产商为联合促销活动以及独立促销活动的投入，可以得到以下结论：

①是为联合促销活动还是为独立促销活动付出更多的努力，主要取决于促销活动对需求影响的大小；

②对独立促销活动和联合促销活动投入的变化，与消费者对产品的需求变化一致。

研究为联合促销活动以及独立促销活动付出努力的差值，可以得出为独立促销活动还是联合促销活动投入更多努力来更好地宣传产品，与促销活动对需求影响的差异有关，两者成正比。在实际经营生活中，当异业合作的生产商开展异业合作时，投入更多资金进行联合促销活动，可以吸引更多的消费者，那么管理者为了更好地促销产品，会选择投入更多努力到联合促销活动中。相反地，则生产商的管理者更倾向于通过开展独立促销活动来推广产品，节约促销成本。另外，加大对独立促销活动和联合促销活动的投入力度，消费者在大量的促销活动的吸引下，对产品的需求也会同步上升，生产商也更愿意生产更多的产品来满足消费者的需求，提高3D打印产品的影响力，同时吸引更多的消费者。最终，企业吸引了大量的消费者来购买和体验创新的3D打印产品，也增加了消费者购买其他产品的可能性，有利于供应链的可持续发展。同样，当企业在联合促销活动和独立促销活动上花费较少时，不能起到很好的吸引消费者的效果，生产商也不会过多地生产3D打印产品。

另外，本节比较了独立促销以及联合促销两种促销模式下的纳什均衡解，来进一步探索联合促销对企业最优策略以及供应链绩效的影响。

命题4-3　对于独立促销活动的投入而言，异业合作的生产商在参与联合促销时的投入，并不一定会比在开展独立促销时的投入要高。

比较分析独立促销和联合促销模式下，生产商对独立促销活动付出的努力。研究发现，在实际经营活动中，随着生产商生产产品成本的变化，生产商权衡市场占有率等因素的影响，分析利弊，合理分配对独立促销活动和联合促销活动的投入，从而更好地推广3D打印产品，获得更高的利润。例如，当生产商自己生产产品的成本较低，但生产3D打印产品的成本相对较高，而联合促销对增加消费者需求有限时。为了更好地推广产品，企业在参与联合促销的情况下，为了扩大促销活动的影响，降低联合促销活动吸引消费者作用不明显的消极作用，会加大对独立促销活动的投入，通过自身的努力来提升促销的影响力。相反地，当联合促销活动对需求的影响相对较大时，企业在权衡利弊之后，会在联合促销活动上投入更多的精力，相对减少对独立促销活动的支出以吸引更多的消费者。

命题 4-4 对比分析参与独立促销与联合促销模式下，企业是否可以获得更高的利润，主要取决于单位生产成本以及联合促销对增加消费者需求的影响。

异业合作的生产商采用 3D 打印技术生产产品时，企业不仅要支付产品生产所带来的成本，同时还要负担独立促销活动以及联合促销活动产生的费用。因此，管理者需要多方面权衡产品销售带来的收益、促销活动对增加消费者需求的影响等因素，以做出合理的运营决策。当生产商采用 3D 打印技术来生产产品的成本相对较低时，如果联合促销活动对增加消费者需求的作用不明显，不能很好地将产品推广给消费者，就会减少产品的销售机会，进而影响企业的利润。相反地，参与联合促销活动可以吸引更多的消费者时，通过参加联合促销可以吸引更多消费者的关注，生产商也更愿意生产更多的 3D 打印产品来满足消费者的需求，追求供应链的可持续发展。通过更有效的促销手段将产品推销给消费者，扩大市场消费者的群体，刺激消费者的购买欲望，对联合促销的成功十分重要。相反地，当生产商生产 3D 打印产品的成本相对较高时，虽然联合促销活动可能会吸引更多消费者的关注，但是权衡对独立促销活动以及联合促销活动的支出，同时与不采用 3D 打印技术来生产原有产品相比，参与联合促销可能会给企业带来更大的成本支出。因此，参与联合促销并不一定可以使企业的情况变得更好。

4.4 数值实验

由于本章的模型框架中有很多参数，很难直接从分析结果中得出相关运营管理的结论与建议。因此，本节进行了数值实验，更清晰地表明联合促销对采用 3D 打印技术异业合作企业的最优决策及绩效的影响。

经分析得出，两个企业在独立促销模式以及联合促销模式下利润的差值变化趋势一致。因此，本节主要针对企业1在两种促销模式下的利润变化进行研究，来探讨联合促销活动对两个企业利润的影响。假设 $v=60$，$c_1=20$，$\alpha=0.6$，$\omega=2$，$\gamma=2$，同时根据 c_3 的可行区域，分别取值 $c_3=15$ 和 $c_3=40$。当3D打印产品的单位生产成本相对较低时，企业的利润将随着联合促销活动对增加消费者需求的影响上升而逐渐增加，生产商也愿意生产更多的3D打印产品，同时借助联合促销活动的影响来满足消费者的需求。另外，当3D打印产品的单位生产成本相对较高时，加上独立促销、联合促销活动带来的高额成本，削弱了联合促销活动为企业带来更高利润的能力，导致企业参加联合促销并不一定能够获得比独立促销时更高的利润。

4.5 扩展模型

4.5.1 成本分担契约

为了扩展以上模型的可适用范围，本节研究了成本分担契约对参与联合促销的企业最优决策的影响。在联合促销模式下，本节假设企业1分摊 δ 部分（$0 \leqslant \delta \leqslant 1$）的成本，那么企业2来分摊剩余的 $1-\delta$ 部分的成本。两个企业的零售价格分别为 p_1 和 p_2，因此，利润函数分别如式（4-6）和式（4-7）所示：

$$\pi_1 = (p_1 - \delta c_3)\left[v - \gamma p_1 + \omega a_1 + \theta(b_1 + b_2)\right] - a_1^2 - b_1^2 \qquad （4-6）$$

$$\pi_2 = \left[p_2 - (1-\delta)c_3\right]\left[v - \gamma p_2 + \omega a_2 + \theta(b_1 + b_2)\right] - a_2^2 - b_2^2 \qquad （4-7）$$

类似地，本节研究了在成本分摊合同下，企业1在开展独立促销和联合促销两种模式下的利润差值，进一步探索联合促销对企业最优策略的影响。根据可行条件，分别在可行区间 $c_3 < \dfrac{v}{\gamma}$ 且 $\theta < \sqrt{\dfrac{4\gamma - \omega^2}{2}}$ 和 $c_3 > \dfrac{v}{\gamma}$ 且 $\sqrt{\dfrac{4\gamma - \omega^2}{2}} < \theta < 4\gamma - \omega^2$ 内进行研究。

参加联合促销活动是否可以带来更高的利润，主要取决于市场占有率、产品的单位生产成本、成本分摊比率，以及价格、需求、独立促销活动、联合促销活动对需求的影响。当3D打印产品的生产成本相对较高时，由于生产成本、独立促销、联合促销活动等支出的影响，与参加独立促销相比，企业参加联合促销所获得的利润将随着联合促销活动对增加消费者需求的影响上升而逐渐减少。因此，参加联合促销并不一定会使它们比开展独立促销时的情况要好。

4.5.2　基于区块链技术的供应链协调

区块链技术颠覆了传统的供应链运营模式，改变了供应链上的信息交互。本节研究了区块链技术对供应链信息协作和运营成本的影响，结合零售商对信息的敏感性，开发了一个基于区块链技术的三级供应链模型。首先，本节建立了制造商的利润函数，分析了最优信息共享量和供应链定价决策。其次，本节开发了传统供应链和使用区块链技术的新型供应链的成本模型，并确定了区块链技术对供应链运营成本的影响。结果表明，区块链技术可以有效降低供应链的运营成本。此外，本研究有一个有趣的发现，如果区块链技术的采用对供应链有价值，那么敏感信息的数量应该适中。信息敏感零售商过多或过少都会降低区块链的使用价值。这是因为区块链技术的实施将增加供应链企业的隐私担忧。

（1）研究背景。

区块链技术最突出的优点之一是能够增加数据交互，通过采用区块链技术，企业能够更轻松地与制造商和供应商共享信息和数据。区块链的透明度还可以通过防止产品在供应链上停滞来减少延迟。通过基于区块链技术的供应链，企业可以实时跟踪每个产品。目前，区块链技术在供应链中有许多应用，例如冷链物流和运输。区块链技术还可以解决验证食品运输条件的问题，因为它可以从源头实时跟踪产品的生产和销售过程。例如，在咖啡、制药和汽车供应链中，区块链技术表现出了优异的性能。由于技术的局限性，传统的供应链管理一直存在一些管理缺陷。例如，在传统的供应链管理中，数据流更加分散。供应链通常采用企业资源规划（ERP）系统，该系统通常仅用于提交订单和完成交易，而不能扩展到其他功能，如数据收集、归纳和分析，供应链上的信息不流通会影响供应链运作的流畅性。

供应链信息协作是指供应链成员之间的信息与互联网技术的集成。其目标是实现运营和市场数据的实时共享和传输。然而，传统供应链中的信息协调程度较低，不同企业之间的信息技术兼容性较弱。此外，企业规模和财务实力的差异对技术兼容性产生了负面影响，这是影响供应链信息协作的一个重要因素。影响供应链信息协作的另一个重要因素是供应链成员之间存在弱信任关系，区块链技术可以有效缓解这些问题，促进更高效的供应链信息协作。然而，在供应链中使用区块链技术有一些重要问题需要解决。首先，供应链信息共享的边界是什么？尽管区块链技术可以保证信息隐私，但完全的信息透明度可能不利于企业的战略决策。其次，公司的信息敏感性对供应链运营有什么影响？信息敏感性是否会阻碍区块链技术的广泛应用？最后，区块链技术的应用需要资本投资，但这项技术最终会降低供应链运营成本吗？

本节从观察区块链技术的供应链运作和阐明一般供应链运作规则出发，从运营成本、信息敏感度水平和最优供应链价格策略等方面，分析探讨了区块链技术对供应链信息协作的影响。本节开发了一个供应链利润模型和一个供应链成本模型，来研究区块链技术对供应链信息协作的影响。为了捕捉基于区块链技术的供应链运营的特征，本节考虑了供应链成员的信息敏感度水平和供应链信息共享质量，检验了区块链技术对供应链成本的影响。在分析了该模型后，本节得出了关于基于区块链技术的供应链运营的各种问题的一些关键结果，并从发现中得出了相关的管理实践建议。

这项拓展研究做出了两个关键贡献。首先，据我们所知，这是第一次分析研究在采用区块链技术时平台运营对供应链运营成本的影响。其次，通过捕捉信息敏感性的特征，扩充了关于区块链技术和供应链的现有文献。本节将论文组织如下：第2节全面回顾了相关研究，以确认研究中存在的差距，并对本节的工作进行适当定位。第3节提出了问题，开发了模型，并作出了假设。第4节探讨了考虑区块链技术的不同供应链模型。第5节提供了模拟分析的结果，以检验区块链技术的影响。第6节总结了研究结果，并为未来的相关研究提出了一些建议。

（2）相关研究现状。

区块链技术改变了供应链管理，许多相关研究讨论了这些变化。供应链中的信息流管理对于实现供应链协调至关重要。一般来说，现代信息技术需要在供应链中实现信息协同。在现代供应链管理中，许多公司使用先进技术来提高供应链信息传递的透明度和效率。区块链作为一种有效的技术工具，可以帮助供应链实现协同目标。

本节的研究涉及区块链技术在供应链运营管理中的应用所带来的变化，所以先从以下几方面阐述区块链技术对供应链影响的相关研究。首先，区块链技术显著改变了农产品供应链，区块链技术在木材供应链中的应用逐渐受到重视。将与产品质量相关的可追溯信息集成到在线信息系统中，并使用区块链技术记录交易数据，一些学者分析了在农业供应链中实施区块链技术以确保食品安全和可持续性的战略。区块链技术可以为改善农业和其他食品的信息可追溯性提供创造性的解决方案，可以使用智能合约跟踪大豆交易过程。在实施区块链技术之前，必须改变供应链的组织结构，成员之间的信息共享必须是自愿的。基于区块链技术的大米供应链系统，可以确保大米在供应链管理过程中的安全。上述研究充分分析了确保农产品供应链安全和信息可追溯性的手段，这对于从宏观角度分析区块链技术与供应链运营管理的结合是必要的。

其次，区块链技术可以确保供应链的信息安全。此前，许多文章研究了如何在供应链中使用区块链技术。将区块链视为分布式账本数据库，可以永久记录交易信息并确保其安全性。通过探讨基于区块链技术的供应链管理案例，一些研究者发现，区块链技术应用的前提是充分理解它。研究者在充分回顾了区块链技术的发展现状和应用的基础上，诠释了区块链技术在制造业供应链中的价值，并详细介绍了其在全球供应链治理中的应用。上述研究从技术角度充分说明，区块链技术确保了供应链的信息安全。本节的研究也与供应链信息有关，但是从供应链运营成本的角度探索了区块链技术如何增强供应链协作。

最后，区块链技术可以提高供应链上的产品信息安全，降低供应链风险，提高供应链灵活性。一些学者讨论了区块链技术可以有效防止产品信息被删除，还可以增强产品信息管理的决策理性。通过开发一个概念模型，确定了区块链如何提高供应链透明度。通过对射频识别（RFID）技术的研究，设计了一个基于区块链技术的产品交易平台，探讨了区块链技术如何降低航空物流的风险，分析了区块链技术如何降低大型生产企业的供应链风险。利用动态控制理论设计了一种新的智能合约模型。一些学者还探讨了区块链技术和智能合约如何促进供应链灵活性，并提出了区块链技术实施的障碍。

与之前的研究不同，本节重点关注区块链技术如何降低供应链运营成本以及实现供应链信息协作的方法，同时，在引入区块链技术时，还考虑了供应链定价决策。

（3）问题描述。

考虑由两个供应商、一个制造商和一组零售商组成的供应链，信息敏感零售商的数量是 μ，$0 \leqslant \mu \leqslant 1$，所有其他参与者都对信息不敏感。如果将区块链技术引入供应链运营，制造商将决定以成本分摊 α，以成本 c_B 通过区块链技术与零售商共享信息量，$c_B = k\alpha$，其中，k 是信息共享的成本系数。如果不引入区块链技术，制造商将产生的固定成本为 c_T。制造商从这两家供应商处购买原材料，零售商的批发价格为 w_i，制造商的需求为 D_i。注意 $i = B, T$，其中，B 表示使用区块链技术的供应链，T 表示传统供应链。使用区块链技术的供应链结构如图4-2所示。

为了进一步研究区块链技术对供应链成本的影响，本节将在后面的研究中考虑更复杂的成本组成。本节在表4-3中总结了此处使用的符号。具体来说，本节考虑一个垄断市场，其中制造商向零售商提供产品，制造商能够完

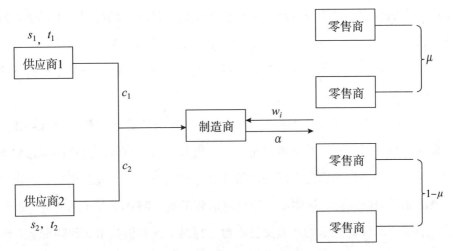

图4-2　成本分摊合同下企业1利润的差值

全满足所有零售商的需求。在不失一般性的情况下，本节假设了零售商是理性的行动者，他们以实现利润最大化为目标进行决策。此外，本节假设供应链的所有成员都是风险中性的，这意味着整个供应链的最优决策不会受到供应商、制造商或零售商风险偏好的影响。这些假设不仅合理，而且有助于本节的研究简化问题，获得一般的管理启示。

表4-3　　　　　　　　　　　　符号说明

符号	含义
D_B	有区块链技术下制造商的需求
D_T	无区块链技术下制造商的需求
d	市场基本需求
μ	信息敏感零售商的比例
$1-\mu$	信息不敏感零售商的比例
α	制造商信息量
w_B	有区块链技术下制造商的批发价格
w_T	无区块链技术下制造商的批发价格
k	信息共享的成本系数

符号	含义
c_B	有区块链技术下制造商的成本, $c_B=k\alpha$
c_T	无区块链技术下制造商的成本
β	价格敏感系数
π_B	有区块链技术下制造商的利润
π_T	无区块链技术下制造商的利润
s_j	供应链 j 提供的原材料质量
t_j	原材料的到达时间
c_j	储存成本
n	单位生产延迟成本

（4）模型。

在本节中，首先为两种类型的供应链（传统供应链和基于区块链技术的供应链）构建相应的利润模型。本节首先分析了这两种情况下制造商的最优定价策略、最优信息共享量和最优利润，其次确定信息不敏感对供应链运营策略的影响。最后，本节比较了两种供应链的运营成本。

首先，基于区块链技术的供应链下，制造商的需求函数如式（4-8）所示：

$$D_B = \mu d + (1-\mu)d\alpha - \beta w_B \qquad (4\text{-}8)$$

总需求来自所有零售商，包括信息敏感型和信息不敏感型零售商。然而，它将受到批发价格上涨的负面影响。

本节将传统供应链中的制造商需求表示为：

$$D_T = d - \beta w_T \qquad (4\text{-}9)$$

这些线性需求函数广泛用于运营管理研究，为了简化分析，本节只考虑传统供应链的制造商需求受到批发价格上涨的负面影响的情况。

为了研究区块链技术对制造商利润的影响，本节得出了具有不同供应链

的制造商的利润函数为:

$$\pi_B = (w_B - k\alpha)D_B \qquad (4\text{-}10)$$

$$\pi_T = w_T D_T \qquad (4\text{-}11)$$

式(4-10)分别求关于 w_B 和 α 的微分,然后考虑一阶的必要条件,可以得出:

$$w_B = \frac{\mu d + (1-\mu)d\alpha + \beta k\alpha}{2\beta} \qquad (4\text{-}12)$$

$$\alpha = \frac{(1-\mu)w_B - \mu k}{2(1-\mu)k} \qquad (4\text{-}13)$$

显然,通过组合等式(4-12)和(4-13),很容易得出最优批发价格和制造商信息量的结果(w_B^* 和 α^*)。

对等式(4-11)进行一次微分,并考虑一阶条件,得出传统供应链的最优批发价格。

然后,我们将 w_B^* 和 α^* 代入原来的公式,可以产生以下结果。

引理4-1 制造商使用区块链技术的最优批发价格为 $w_B^* = \dfrac{k\mu[d(1-\mu)+\beta k]}{(1-\mu)[3k\beta - d(1-\mu)]}$,

制造商使用区块链技术的最优利润为 $\pi_B^* = \dfrac{k\beta\mu[2(1-\mu)-\beta k]}{(1-\mu)[3k\beta - d(1-\mu)]}$。

引理4-2 没有区块链技术的制造商的最优批发价格为 $w_T^* = \dfrac{d}{2\beta}$,没有区块链技术的制造商的最优利润为 $\pi_T^* = \dfrac{d^2}{4\beta}$。

引理4-3 制造商信息的最优数量为 $\alpha^* = \dfrac{\mu[d(1-\mu)-\beta k]}{(1-\mu)[3k\beta - d(1-\mu)]}$。

通过分析具有不同供应链的制造商利润函数的均衡解,本节求得了制造商的最优价格决策和制造商信息的最优数量。

(5)信息敏感性的影响。

为了研究区块链技术如何影响供应链运营,我们考虑了信息敏感性与制造商最优均衡策略之间的关系。引入区块链技术的目的是实现供应链信息协作。因此，在供应链上，对信息敏感的零售商的数量对制造商实施区块链技术的决策具有重要且有意义的影响。

命题4-5 当区块链技术应用于供应链时，对信息不敏感的零售商的比例应满足 $\frac{1}{d} < 1-\mu < \frac{3}{d}$。

因为 $\alpha^* = \dfrac{\mu\left[d(1-\mu)-\beta k\right]}{(1-\mu)\left[3k\beta - d(1-\mu)\right]} > 0$，所以 $3k\beta - d(1-\mu) > 0$ 且 $d(1-\mu) - \beta k > 0$ 或 $3k\beta - d(1-\mu) < 0$ 且 $d(1-\mu) - \beta k < 0$ 一定成立。求解这个不等式，可以得到 $\frac{1}{d} < 1-\mu < \frac{3}{d}$。命题4-5表明，对信息敏感的零售商的数量可以确保在一定范围内获得最佳的信息共享结果。此外，对信息敏感的供应商的数量与制造商的基本需求有关。

命题4-6 当 $k\left[d\beta - \sqrt{\beta(d+3)}\right] < t < k\left[d\beta + \sqrt{\beta(d+3)}\right]$，制造商的最优批发价格随对信息敏感的零售商的比例增加而增加，反之则随比例增加而减少。

当 $\dfrac{\partial w_B^*}{\partial \mu} = \dfrac{k\mu\left[3k^2\beta - 2dk\beta(1-\mu) - d^2(\mu-1)^2\right]}{\left[3k\beta + d(\mu-1)\right]^2(\mu-1)^2} > 0$，可以得到 $3k^2\beta - 2dk\beta(1-\mu) - d^2(\mu-1)^2 > 0$。然后，我们假设 $d(1-\mu) = t$，可以得到 $k\left[d\beta - \sqrt{\beta(d+3)}\right] < t < k\left[d\beta + \sqrt{\beta(d+3)}\right]$。命题4-6表明，制造商的批发价格与对信息敏感的零售商的数量非单调相关。当对信息不敏感的零售商数量在一定范围内时，零售商对信息越敏感，制造商的定价权就越大。这是因为区块链技术增加了信息共享的可能性和安全性。如果零售商对信息敏感，就更有可能接受将区块链技术引入供应链，此时，制造商具有强大的议价能力。

命题4-7 当 $t < \dfrac{2d+3k^2\beta}{2\beta k}$，制造商的最优利润随对信息敏感的零售商的比例增加而增加，反之则随对信息敏感的零售商的比例减少而增加。

假设 $\dfrac{\partial \pi_B^*}{\partial \mu} = -\dfrac{k\beta\mu\left[3k^2\beta - 2d(1-\mu)(\mu-1+\beta k)\right]}{\left[3k\beta + d(\mu-1)\right]^2(\mu-1)^2} > 0$，可以得到 $3k^2\beta -$

$2d(1-\mu)(\mu-1+\beta k)<0$，$d(1-\mu)=t$，可以得到 $t<\dfrac{2d+3k^2\beta}{2\beta k}$。命题4-7表明，制造商的利润受到对信息敏感的零售商数量的非单调影响。当对信息不敏感的供应商数量较少时，零售商越敏感，制造商的利润就越高。如果制造商希望通过使用区块链技术增加利润，那么不仅需要考虑零售商的信息敏感性，还需要考虑下游对信息敏感的零售商的数量。

（6）对成本的影响。

在以上的研究中，本节故意忽略了制造商的成本，因为区块链技术对供应链成本的影响是全面的。在本节中，专门讨论制造商成本对参与者最优决策的影响。

在传统供应链中，本节考虑了两个供应商向制造商提供原材料的情况 s_j（$j=1,2$）。然而，由于延迟供应和未披露的信息，制造商无法同时收到这两个供应商的原材料，从而导致生产延迟。每种原材料的到达时间为 t_j。此外，制造商将承担最先到达的原材料的储存成本 c_j，以及第二个到达的原材料的单位生产延迟成本 n。

因此，本节得到了制造商在使用没有区块链技术的供应链的情况下的总成本，如式（4-14）所示：

$$
c_T=\begin{cases}
nt_1, & \text{if } t_1>t_2. \\
nt_2, & \text{if } t_1<t_2. \\
n(D_T-s_1)^+, & \text{if } s_1<s_2. \\
n(D_T-s_2)^+, & \text{if } s_1>s_2. \\
\left(s_i-\min(s_i,D_T)\right)^+\sum_{i=1}^{2}c_i, & \\
(t_1-t_2)^+\sum_{i=1}^{2}c_i s_i, & \\
s_i,t_i,c_i>0 &
\end{cases}
\tag{4-14}
$$

第一项和第二项表示生产延迟成本，第三项和第四项表示缺货成本，上述两种成本是由两个供应商的原材料到达时间差引起的，第五项是储存剩余材料的成本，第六项是最先到达的原材料的总存储成本，最后一项是确保模型具有实际意义的约束。

$$c_B = \begin{cases} nt_1, & \text{if } t_1 > t_2. \\ nt_2, & \text{if } t_1 < t_2. \\ n(D_T - s_1)^+, & \text{if } s_1 < s_2. \\ n(D_T - s_2)^+, & \text{if } s_1 > s_2. \\ (\min s_i - D_T)^+ \sum_{i=1}^{2} c_i, & \\ s_i, t_i, c_i > 0 & \end{cases} \tag{4-15}$$

在式（4-15）中，前四项与式（4-14）相同。由于两个供应商实现了协调供应，第五项表示剩余材料的存储成本，最后一项是确保模型具有实际意义的约束。

本节在分析了两条供应链的总成本后，给出了引理4-4，如下所示。

引理4-4 区块链技术对供应链成本有很大影响，传统供应链的成本是c_T，基于区块链技术的供应链的成本是c_B。

为了详细探讨区块链技术对供应链成本的影响，接下来使用蒙特卡洛（MC）方法模拟不同供应链的成本。

（7）数值模拟。

本小节假设供应商提供的原材料质量表示为s_j，其均匀分布在[0,0.3]中，即$s_1 \sim U[0, 0.3]$和$s_2 \sim U[0, 3]$。两种不同原材料的到达时间表示为t_j，均匀分布在[0,0.4]中，即 $t_1 \sim U[0, 0.4]$和$t_2 \sim U[0, 4]$。使用蒙特卡洛方法，本小节随机生成1000个集合关于s_j和t_2。此外，让D_T=1000，c_1=100，c_2=150。考虑范围从100到180，间隔为20。模拟后，获得制造商的成本变化。

通过模拟传统供应链和区块链供应链的成本模型，本小节发现在厌恶成本的情况下，这两种类型的供应链都存在最小成本。此外，供应链成本随单位生产延迟成本的变化也不是单调的。

无论是哪种类型的供应链（传统或区块链启用），单位生产延迟成本的增加都有可能增加两条供应链的总成本。因此，制造商需要严格控制延迟的单位成本。另外，区块链技术的使用增加了供应链的透明度，并允许制造商获得有关原材料可用性的信息。这进一步说明了区块链技术在供应链信息合作中的价值。为了更好地确定区块链如何帮助供应链实现信息协作，需要比较两条供应链的总成本，如图4-3所示。

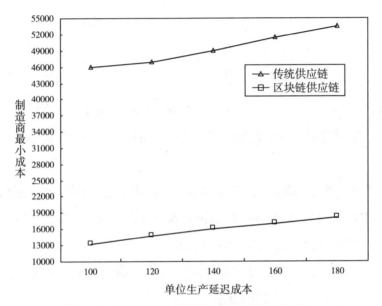

图4-3 不同类型供应链的制造商最低成本比较

在传统供应链中，各个实体独立维护自己的供应链信息，缺乏透明度，导致更高的时间成本和信息成本。区块链技术已被证明提供了一个透明可靠的统一信息平台，能够降低物流成本并跟踪整个生产和交付过程，从而提高供应链管理效率。在本章中，本小节考虑了使用区块链技术的三级供应链，以分析将区块链技术引入供应链管理时信息敏感性对供应链运营的影响。本小节的研究得出以下结论。

①将区块链技术引入供应链可以更有效地共享供应链信息，共享的信息越多，对供应链越有利。信息共享的最佳质量直接关系到供应链成员的信息敏感性。

②在供应链中，制造商的批发价格和利润与对信息敏感的零售商的数量

之间存在非单调关系。因此，制造商的定价决策应考虑信息共享的成本。

③模拟研究发现，区块链技术可以有效降低供应链运营成本。因此，区块链技术应更好地用于提高供应链治理水平。

考虑到区块链技术，本研究为供应链的最佳运营策略提供了深刻的指导，尤其是当区块链技术引入供应链时，供应链如何保持较低的运营成本。为了进一步研究，我们有兴趣探索供应链具有不同渠道结构的情况，并确定区块链技术如何影响渠道结构。此外，进一步的研究还应该从管理角度考虑信息可追溯性的影响。另一个有趣的话题是，当供应链成员对信息披露的风险偏好不一致时（供应链的一些成员厌恶风险），供应链的最佳决策应该是什么？在未来的研究中，我们将对这个有趣的问题进行深入的研究。此外，未来的研究可以考虑采用区块链技术的供应链风险。

4.6　本章小结

3D打印被认为是一种环保且可持续的制造形式，随着消费者需求不断发生变化，3D打印产品的生产成本对增强企业的竞争优势，以及推动供应链可持续发展具有重要的影响。随着3D打印技术的蓬勃发展，不同市场上的企业，特别是制造业企业采用3D打印技术开展合作已逐渐成为现实，既能刺激自身消费者的需求，又能吸引其他厂商的消费者，充分发挥异业合作的优势，从而通过联合促销扩大消费者群体。异业合作的生产商采用3D打印技术开展联合促销虽然广泛存在，但其潜在的理论意义尚不清楚。

本章阐述了异业合作的生产商采用3D打印技术来生产产品，考虑3D打印成本、独立促销活动以及联合促销活动带来的成本等因素的影响，如何通过一系列的促销活动更有效地吸引消费者，促进3D打印技术的广泛应用，实现消费者引流的目标。通过建立博弈模型，来研究异业合作生产商在什么情况下可以顺利地开展联合促销，联合促销对企业的最优策略以及供应链的绩效有什么影响。研究结果表明：①联合促销的成功与否主要取决于3D打印产品的单位生产成本，价格、独立促销活动以及联合促销活动对需求的影响。②为联合促销活动还是独立促销活动付出更多的努力，与独立促销活动和联合促销活动对消费者需求影响的差异是一致的。③当3D打印产品的单位生产成本相对较低，如果联合促销活动对需求的影响相对较小时，企业不能通过联合促销活动来吸引更多消费者的关注，与独立促销相比，企业可能会获得更少的利润。相反，参加联合促销可以吸引更多的消费者，扩大消费者群体，生产商也愿意采用3D打印技术生产更多的产品来满足消费者的需求，帮助企业获得更高的利润。④当3D打印产品的单位生产成本较高时，参与联合促销的企业是否会获得更高的利润，主要取决于价格和联合促销活动对需求的影响，管理者需要权衡生产成本以及促销成本等因素，做出合理的运营决策，推动供应链可持续发展。

与大部分传统的关于供应链内部上下游之间开展纵向联合促销的研究不同，本章主要针对横向的企业之间的合作实施促销活动并展开分析。现有相关研究比较具有代表性的，针对两个出售竞争性产品的企业（Karrary，2015）及互补性产品的企业（Karray 和 Sigué，2018）如何有效开展联合促销进行了分析，并对管理者提出了相关管理启示以及建议。在以上研究的基础上，结合3D打印技术逐渐广泛的应用，催生了越来越多的不同行业或市场上的企业，特别是制造业企业采用3D打印技术来开展合作，期望能达到消费者引流的目的。另外，由于3D打印技术仍处于快速发展阶段，产品的单位生产成本仍是一个不得不考虑的重要因素。因此，本章综合分析了异业合作的企业为独立促销活动以及联合促销活动付出的努力，同时重点考虑了生产商生产产品的成本对联合促销的影响，使管理者充分认识到在什么情况下这种合作是可行的，以及联合促销活动对企业及供应链的最优策略有什么影响，帮助管理者在实际经营活动中更好地实施联合促销，并通过开展联合促销活动来提升利润，吸引更多的消费者。本章为促进3D打印技术蓬勃发展及应用，进而促进供应链的可持续发展提出相关建议。

5 考虑服务水平的异业合作在线平台
运营决策

面对日益激烈的竞争，在线平台从付费会员中获益良多，付费会员逐渐成为其核心盈利来源。因此，不同市场上经营的在线平台越来越多地追求联合会员制，进行合作推广，消费者在一次付费后，可以享受到多个平台会员的权益，并且能够选择一系列不同价格且对应包含着差异化消费者权益的会员。在线平台通过联合促销，不仅寻求自身利润的增加，而且吸引更多的客户，为其供应链上的供应商提供更多的商机。在此背景下，本章针对异业合作的在线平台，共享各自的消费者群体，通过联合会员以及一系列的联合促销活动来开展合作，探讨产品的定价与服务水平的内在联系，以及联合促销对在线平台及其相应供应链的影响，优化在线平台及其供应链的运营管理，促进平台经济的高速发展。

5.1 问题描述

随着互联网技术的快速发展，大量在线平台成功运营，在线平台正利用现有的技术优势，不断整合资源，以更好地匹配供需关系，进而提高服务的质量，平台服务供应链的概念逐渐兴起（Liu等，2021）。例如，腾讯、喜马拉雅和爱奇艺仅提供虚拟服务，而滴滴、淘宝和Uber（优步）则同时提供服务和实物产品，并以线上线下一体化（O2O）的商业模式运作。相应地，平台服务供应链可以分为只提供虚拟服务的服务型供应链，如金融、电信、互联网服务等，以及既提供服务又提供实物产品的产品服务型供应链，如物流、购物、食品零售服务等（Wang等，2015）。

在数字经济中，平台正在高速改变产业。Airbnb、优步、阿里巴巴、Facebook、亚马逊、YouTube、eBay、苹果、谷歌、Instagram等只是一系列颠覆性平台中的一些例子。每一个都是独一无二的，都是专注于一个独特的行业和市场，并且都是利用平台的力量来改变全球经济的一部分。平台正在开始改变一系列经济和社会领域，从商业、教育到医疗保健等。事实上，增长最快的全球品牌越来越多地由平台企业主导。该平台的崛起已经改变了许多主要行业，而且还有更多同样重要的转变正在进行中。毫无疑问，人类社会正在经历一场平台革命，世界已进入平台化时代。因此，如何有效运营该平台，为物流和供应链管理（LSCM）创造价值，是企业面临的关键问题。

伴随着电子商务的蓬勃发展，估计未来全球将有超过21亿人在线购买商品和服务。大量的在线平台都在使用先进的技术整合资源，以更好地匹配供求关系，这也逐渐成为人们日常生活中必不可少的部分。例如，在线购物平台（亚马逊、淘宝和京东），视频平台（Netflix、爱奇艺和腾讯）和外卖平台（Grubhub、"饿了么"和美团）就是印证平台服务供应链快速发展很好的例子。消费者情报研究合作伙伴在2019年发布了有关亚马逊会员业务的报告，其中62%的美国亚马逊用户是Prime会员，亚马逊已经吸纳了超过1亿会员。众多的会员推动了亚马逊市值首次超过1万亿美元。显然，付费会员的数量是在线平台成功的主要驱动力。

与亚马逊的Prime会员不同，消费者可以享受亚马逊自身生态体系内的确保交货时间、免费送货、免费的Kindle电子书等优质服务。不同市场上的在线平台的联合会员使客户可以在为会员付费一次之后享受多个平台的会员权益。例如，在线购物平台京东与视频平台爱奇艺合作推出了"京东+爱奇艺"的会员计划。消费者不仅可以提前观看爱奇艺的付费视频，还可以在京东购物时享受免费的优先送货服务。得益于联合会员计划，爱奇艺报告称，其会员订阅收入占2018年总收入的41%，首次超过广告收入。同样，京东的会员数量在2018年达到了1000万，并且有进一步增加的趋势。受到许多成功案例的激励，越来越多异业合作的在线平台开展联合促销活动，例如，外卖平台"饿了么"和视频平台哔哩哔哩、视频平台腾讯体育和在线购物平台网易考拉、视频平台腾讯和在线购物平台亚马逊之间的合作。除了开展联合会员计划外，异业合作的在线平台还经常进行一系列促销活动，例如，广告、行政费用分摊等。这些在线平台通过跨市场的合作来吸引客户，旨在将整个市场与自身的单一市场融合，并进一步提高其产品的知名度。

少数学者针对技术的创新（如区块链技术等）对供应链的影响，以及对在线平台运营的影响开展了研究。针对制造商通过线下和线上两种方式销售其产品，线上平台在相应规则的监督下运营，考虑到区块链技术对信息敏感与信息不敏感消费者的影响，区块链技术能否增加在线平台的稳定性主要取决于跨市场的效应。一些学者对比分析了传统销售模式与区块链技术支持的在线平台销售模式，证明了降低成本对供应链各个参与方都是有利的，进一步强调了区块链技术在奢侈品供应链中的重要性。而且考虑到区块链技术对传统农业供应链的影响，基于区块链技术的平台可以提升绿色产品的产量并增加供应链参与方的利润。针对服务平台聘请代理来为不同风险态度的客户提供服务，一些研究发现，客户的消费者剩余、平台预期利润等最优决策与客户的风险态度是紧密相关的，同时，区块链可以作为一种有效的技术来帮助服务平台更好地运营。充分考虑到区块链可追溯的特点可以使消费者对商品的质量更加信任，并降低交易成本。但是，区块链技术的高能耗对环境造成了很大的负面影响，一些学者研究了区块链技术的可持续性以及可追溯性。研究结果表明，由于采用区块链技术导致了产品价格的上涨和消费者信任的上升，消费者对价格和质量的敏感性决定了企业是否愿意采用区块链技术。

另外，购买者总是可以通过这些平台来获得好处，但是卖方在某些情况下会变得更糟。很多公司都放弃了自身的线上销售渠道，通过电子平台来销售产品。当电子平台的零售商签订"收益共享+固定费用（RSF）"的服务合同时，公司以及电子平台都可以做出最优的决策。特殊的是，当电子平台的零售商同时决定产品的价格和质量时，RSF合同优化整个供应链系统的鲁棒性较差。另外，将送货时间决策纳入传统的二级供应链中，当平台具有足够大的权力时，成本分担合同可以很好地协调供应链。相反，只有当交货时间的敏感性较高时，成本分担合同对于供应链整体来说才是有效的。为了应对市场竞争和扩大用户规模，增值服务成了许多平台新的利润增长点。考虑到在同一市场中经营的两个平台之间的竞争，学者研究了在双边市场下平台的成本对平台投资和定价策略的影响。研究结果表明，在大部分情况下，边际成本相对较低（较高）的平台可以为用户提供更高（更低）的增值服务，对市场双方收取更低（更高）的费用。无论边际成本如何变化，平台都会对供应商收取更高的费用，相反，平台会向制造商提供更多的补贴来协调供应链。

上述事实表明，会员管理逐渐成了在线平台及其供应链可持续发展的重要环节，不同市场上运营的在线平台之间的协作是一个亟待解决的新兴问题。虽然在实践中，异业的在线平台合作推广其服务及产品的现象很普遍，但关于异业合作的在线平台之间合作的研究却很少。在联合促销模式下，平台运营商以及管理者对于如何做出最优的运营策略并不了解。此外，不同市场上的在线平台的合作，对平台本身及其供应链的潜在理论意义尚不清楚。

在线平台应该选择通过各自的独立促销活动来吸引消费者，或者推出联合会员，并实施联合促销活动吸引更多的消费者，增加付费会员时会面临以下问题。①哪些因素决定了在线平台应该实施独立促销还是联合促销，以追求各自平台利润最大化的目标？②产品或服务的定价与平台的服务水平有什么内在的关联？③联合促销对在线平台及供应链的最优策略有什么影响？

本章的其余部分组织如下：5.2节对异业合作在线平台联合促销进行了系统性的描述并构建模型，求解得出纳什均衡解。5.3节对联合促销的策略进行比较分析，探讨价格与服务水平的内在联系，寻求在线平台会员管理等最优运营策略。5.4节进行了数值实验，进一步帮助平台管理者更科学地做出决策，提升供应链的绩效。5.5节对本章进行了总结。

5.2　考虑服务水平的异业合作在线平台联合促销决策模型

本章的研究旨在通过在线平台之间的相互引流，帮助在线平台以更有效的方式留住现有的会员，同时通过在线平台之间的合作来吸引更多新的付费会员加入在线平台，促进平台的可持续发展。另外，探讨产品或者服务的零售价格与在线平台的服务水平之间有什么样的关系。在满足在线平台各自利润最大化的条件下，采用博弈论框架分析异业合作的在线平台开展联合促销活动的利弊，探讨联合促销对在线平台及供应链最优策略的影响。首先，介绍了本章使用的相关符号及其含义；其次，建立了独立促销和联合促销模式下，异业合作在线平台的运营决策模型；最后，根据以上的分析，推导出相关变量的最优均衡解，根据相关均衡结果，分析其特性并讨论其管理意义。

5.2.1　模型描述

随着市场竞争的不断增强，越来越多的异业平台追求联合促销，通过推出联合会员的方式来扩大自身的消费者群体。特别是在中国的电商购物平台京东与视频平台爱奇艺之间的合作取得了重大成功的推动下，一系列的跨市场平台合作的例子不断涌现。虽然异业服务平台之间的合作逐渐兴起，但是缺乏相应的科学决策标准来指导企业的运营。因此，受到现实例子的驱动，我们构建如下的模型来做研究。

本章考虑了两个隶属于不同供应链的在线平台之间的合作，用 i（$i=1, 2$）来表示两个不同的在线平台。两个在线平台可以选择通过自身的促销努力来独立推广，或者通过合作开展促销活动来联合推广会员。如果采用联合会员制，在线平台 i 不仅可以刺激自身市场中潜在消费者的需求，还可以吸引其他在线平台市场中消费者的关注，从而扩大自身产品的消费者群体（Biswas，2014）。由于在线平台在不同的市场中经营，当在线平台只是通过各自开展独立的促销活动来吸引消费者，寻求利润最大化时，本章将这种情况视为基准方案，记为独立促销。同样地，当两个在线平台采用联合促销的方式，推出联合会员以及开展一系列的促销活动，相互引流来吸引更多的消费者，记为联合促销。两种促销模式如图5-1所示。同时，使用上标0表示独立促销情景下的相关变量，以便与联合促销情景下的相关变量进行区分。本章中使用的相关符号的定义如表5-1所示。

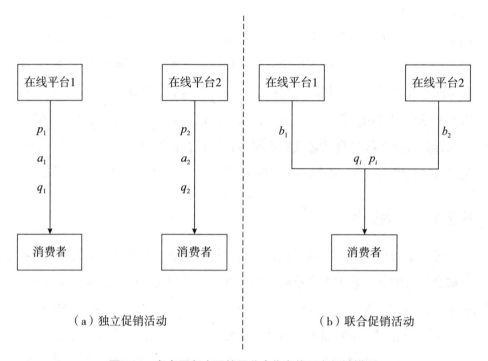

（a）独立促销活动　　　　　　　　　　（b）联合促销活动

图5-1　考虑服务水平的异业合作在线平台促销模型

表5-1　　　　　　　　　　　　　　参数表

符号	含义
v	基本市场需求
β	价格对需求的影响系数
p_i	平台i的零售价格
q_i	平台i的服务水平
d_i	消费者对平台i产品的需求
b_i	平台i对联合促销付出的努力程度

符号	含义
a_i	平台i对独立促销付出的努力程度
α	平台i在市场中拥有的消费者比例
δ	独立促销对需求的影响系数
θ	联合促销对需求的影响系数
γ	服务水平提高对需求的影响系数
π_i	平台i的单位利润

本章将在线平台i为独立推广会员所付出的努力表示为a_i，将开展联合促销活动时付出的努力表示为b_i，将服务水平，即为会员提供服务的范围、及时性和质量表示为q_i，这里的服务水平意味着"越多越好"的属性（Desai，2001）。假设市场上的消费者总数为v，在线平台1在市场上拥有的消费者比例为α（$0 \leqslant \alpha \leqslant 1$）。因此，在线平台1和在线平台2的基本顾客数量分别为αv和$(1-\alpha)v$。假设消费者对在线平台的需求d_i与销售价格p_i成反比（McGuire和Staelin，1983；Choi，1991）。另外，在线平台i产品或服务的消费者需求量随着其开展独立促销活动所付出的努力a_i，开展联合促销活动所付出的努力b_i（Karray，2015；Yu等，2021），以及服务水平q_i（Xie等，2011）的增加而增加。此外，本章还假设在线平台的行为有对称效应，即价格对需求的影响系数β，服务水平的提高对需求的影响系数γ，在线平台通过开展独立促销活动对需求的影响系数δ，以及通过实施联合促销活动进行推广对消费者需求的影响系数θ，在各在线平台的需求函数中都是一样的（Karray，2011）。

5.2.2 模型构建

在不失一般性的前提下，假设产品的单位生产成本为0。在独立促销策略下，在线平台独立推广自己的会员，顾客对在线平台1和在线平台2产品或服务的需求如式（5-1）、式（5-2）所示：

$$d_1^0 = \alpha v - \beta p_1^0 + \gamma q_1^0 + \delta a_1^0 \qquad (5-1)$$

$$d_2^0 = (1-\alpha)v - \beta p_2^0 + \gamma q_2^0 + \delta a_2^0 \qquad (5-2)$$

本章假设在线平台开展促销活动的促销费用是为促销活动付出努力的二次方。因此，a_i^2 和 b_i^2 分别是在线平台 i 就其进行独立促销活动和联合促销活动所花费的促销费用，例如，广告费用和管理费用等。同样地，假设在线平台为了提升各自的服务水平所花费的成本与其为了提升服务水平的质量之间也是二次方的关系。因此，就在线平台 i 的服务水平而言，q_i^2 是各在线平台服务水平的相关成本（Banciu 等，2010）。在线平台在独立促销策略下的利润函数如式（5-3）、式（5-4）所示：

$$\pi_1^0 = p_1^0 \left(\alpha v - \beta p_1^0 + \gamma q_1^0 + \delta a_1^0 \right) - \left(q_1^0 \right)^2 - \left(a_1^0 \right)^2 \qquad (5-3)$$

$$\pi_2^0 = p_2^0 \left[(1-\alpha)v - \beta p_2^0 + \gamma q_2^0 + \delta a_2^0 \right] - \left(q_2^0 \right)^2 - \left(a_2^0 \right)^2 \qquad (5-4)$$

当在线平台合作推广联合会员时，在线平台 i 面对的市场不仅包括自己的消费者，也包括合作平台的消费者，两个平台的基本客户数量此时都为 v。在这种情况下，消费者可以从任何一个平台以相同的价格购买到具有相同服务水平的会员，即 $p_1=p_2$ 和 $q_1=q_2$。因此，在联合促销策略下，在线平台 i 的利润函数如式（5-5）所示：

$$\pi_i = p_i \left[v - \beta p_i + \gamma q_i + \theta(b_1 + b_2) \right] - q_i^2 - b_i^2 \qquad (5-5)$$

在式（5-3）、式（5-4）、式（5-5）中，第一项是在线平台的收入，第二项是提高在线平台服务水平的成本，第三项是促销活动的成本。β、θ、γ、δ、α 都是正数，且 α 在0和1之间变化。在现实生活中，联合会员的主要目的是吸引消费者来购买，因此，如果联合会员的价格高于各自平台会员售价的总和，那么消费者将不会选择联合会员。因此，本章假设 $p_i \leqslant p_1^0 + p_2^0$（Banciu 等，2010）。

5.2.3 模型求解

基于以上分析所建立的两个在线平台在不同促销策略下的联合促销决策

模型，本节求解得出在独立促销和联合促销策略下相关变量的均衡结果。独立促销策略下的模型是本章研究中的基础情景。

在线平台的管理者同时做出决策，以实现各自利润最大化的目标。和前几章类似，本章通过求解在独立促销以及联合促销策略下的利润关于价格、独立促销努力、联合促销努力的一阶条件，来求得在两种促销模式下，在线平台的最优均衡解，如表5-2所示。另外，为了保证联合促销的成功，以上两个模型中得出的所有结果必须都为正数。

表5-2 均衡结果

独立促销	独立促销	联合促销
$p_1^0 = \dfrac{2v\alpha}{4\beta - \gamma^2 - \delta^2}$	$p_2^0 = \dfrac{2v(1-\alpha)}{4\beta - \gamma^2 - \delta^2}$	$p_i = \dfrac{2v}{4\beta - \gamma^2 - 2\theta^2}$
$q_1^0 = \dfrac{v\alpha\gamma}{4\beta - \gamma^2 - \delta^2}$	$q_2^0 = \dfrac{v(1-\alpha)\gamma}{4\beta - \gamma^2 - \delta^2}$	$q_i = \dfrac{v\gamma}{4\beta - \gamma^2 - 2\theta^2}$
$a_1^0 = \dfrac{v\alpha\delta}{4\beta - \gamma^2 - \delta^2}$	$a_2^0 = \dfrac{v(1-\alpha)\delta}{4\beta - \gamma^2 - \delta^2}$	$b_i = \dfrac{v\theta}{4\beta - \gamma^2 - 2\theta^2}$
$d_1^0 = \dfrac{2v\alpha\beta}{4\beta - \gamma^2 - \delta^2}$	$d_2^0 = \dfrac{2v(1-\alpha)\beta}{4\beta - \gamma^2 - \delta^2}$	$d_i = \dfrac{2v\beta}{4\beta - \gamma^2 - 2\theta^2}$
$\pi_1^0 = \dfrac{v^2\alpha^2}{4\beta - \gamma^2 - \delta^2}$	$\pi_2^0 = \dfrac{v^2(1-\alpha)^2}{4\beta - \gamma^2 - \delta^2}$	$\pi_i = \dfrac{v^2\left(4\beta - \gamma^2 - \theta^2\right)}{\left(4\beta - \gamma^2 - 2\theta^2\right)^2}$

5.3 策略对比分析：联合会员或独立会员

在满足在线平台利润最大化的条件时，分析表5-1得到的均衡结果，以确定异业合作的在线平台愿意寻求合作的条件，分析在哪些条件下异业合作的在线平台的联合推广比不合作更具优势。然后，通过比较独立促销和联合促销策略下在线平台的最优价格、需求、利润、服务水平以及促销努力等最优策略，以检验联合促销的实际影响及效果。

命题5-1 当 $\theta < \sqrt{\dfrac{4\beta - \gamma^2}{2}}$ 时，异业合作的在线平台将寻求联合促销来进行促销，并吸引更多的消费者。

研究结果表明，异业合作的在线平台是否会实施联合促销，不仅取决于促销活动对消费者需求的影响，还取决于价格和服务水平对消费者需求的影响。在给定的条件下，在线平台可以通过采取联合促销的方式，寻求利润最大化，实现消费者引流的目标，并追求平台服务供应链的可持续发展。在条件不满足的情况下，在线平台管理者需要综合权衡多个影响因素，联合促销未必比独立促销的效果好，甚至可能会导致在线平台不能实现其追求利润最大化的目标。

命题5-2 异业合作在线平台的联合会员价格可以作为服务水平的信号。

研究发现，在线平台的服务水平变化与价格变化成正比。在联合促销策略下，为了给消费者提供高服务水平的产品，相应地，在线平台会耗费较高的成本，因此消费者要付出更多的代价来享受对应的产品或服务。以京东和知乎之间的合作为例，购买其联合会员的消费者仅有权阅读知乎上的文章，无法访问该平台为高级会员提供的其他服务。另一个例子是亚马逊和腾讯视频之间的合作。虽然这两个平台的联合会员价格均高于两个平台各自独立会员的价格，但与购买各自会员资格的权益相比，消费者获得了使用更多服务的权限。因此，消费者在面临各种各样价格的联合会员时，产品的零售价格代表了消费者可以享受到的不同权益。

此外，本节比较了独立促销和联合促销策略之间，在线平台的相关最优策略，以确定联合促销对所涉及的在线平台及其供应链的影响。

命题5-3 通过比较独立促销和联合促销策略下在线平台的价格和需求，可以得出以下结果：

①当在线平台的独立促销活动对需求的影响相对较小时，在联合促销策略下，在线平台的价格和需求都要高于独立促销下的结果；

②当在线平台的独立促销活动对需求的影响相对较大时，在联合促销策

略下，在线平台的价格和需求不一定高于独立促销下的结果。

当在线平台的需求受到独立促销影响相对较小时，平台更倾向于参与联合促销并为消费者提供更高质量的产品或服务，但是在线平台此时不得不提高价格以支付由此产生的额外成本。当在线平台的独立促销对需求的影响适中时，平台需要根据联合促销对需求影响的变化来调整自身的策略。具体来说，当联合促销活动对消费者需求的影响相对较小时，在线平台将降低联合会员的价格以及服务水平。否则，在线平台更愿意参与联合促销来向客户提供更高水平的服务，因此也会相应地提高产品或服务的价格。

此外，联合会员的定价不仅对于在线平台自身的利润非常重要，而且对于其相应的服务供应链也非常重要。联合会员的价格是在线平台服务水平以及形象的信号。更高的价格和更丰富的服务将吸引更多消费者，并使平台供应商能够筛选出愿意购买平台中所出售产品或服务的客户。联合会员的价格越高，客户的感知质量就越高，再加上联合促销对需求的影响，有助于吸引更多的消费者购买联合会员。最终，大量客户被吸引到平台上来，以享受平台及其上游供应商提供的服务和权益，这有利于供应链的可持续发展和会员数量的增长。

命题5-4 通过比较独立促销和联合促销下异业合作在线平台对于联合促销的投入，可以得出以下结果：

①当基础市场份额相对较小时，在线平台不一定会在联合促销上付出更多的努力；

②当基础市场份额相对较大时，在线平台将减少对联合促销的投入。

由于基础市场份额和联合促销对需求影响的变化，在线平台将根据具体情况来调整其投资。当联合促销对需求的影响相对较小时，在线平台将减少对联合促销的投资，以节省成本，获取更高的利润。此外，该平台更愿意自己整合上游和下游资源来开展促销活动，并努力实现供应链的可持续发展。相反，当联合促销对需求的影响相对较大时，对联合促销进行更多的投资可能会为平台及其供应链创造更多的发展机会。当基础市场份额相对较大时，在线平台拥有大量的客户群，在合作中比合作伙伴更有优势，因此倾向于为合作付出更少的努力。同时，当在线平台在其基础客户群足够大的情况下，进行联合促销可能不利于供应链的可持续发展，平台更愿意选择花费更多精力来开展独立促销活动。因此，该平台不愿意承担更多的联合促销所产生的费用。

命题5-5 通过比较独立促销和联合促销下异业合作在线平台的利润，得出以下结果：

①当在线平台开展独立促销活动对需求的影响相对较小时，联合促销会改善在线平台及其供应链的状况；

②当在线平台开展独立促销活动对需求的影响相对较大时，在线平台及其供应链在联合促销下不一定会变得更好。

当在线平台开展联合促销时，如果在线平台的独立促销对需求的影响相对较小，那么参加联合促销肯定会使在线平台获得更多的销售机会，实现更高的利润。在这种情况下，在线平台会向消费者收取更高的价格并为消费者提供更高水平的服务，随后更多的付费会员会加入该平台。那些愿意享受在线平台及其供应商为会员提供免费送货、优惠券等特权的消费者，在购买会员资格后，也会更愿意通过平台来满足自身的需求。

但是，当在线平台的独立促销活动对需求的影响相对较大时，较高的价格和服务水平将增加其利润。同样地，这也将有利于服务供应链的可持续发展。较低的价格和服务水平可能会降低平台的利润，因此在线平台更倾向于开展独立促销活动，而非参加联合促销。在某些特定条件下，比如受促销活动成本较低等因素的影响，较低的价格和服务水平也可能增加在线平台的利润。但是，消费者需求的减少会减少供应链中供应商的商机，因此不利于供应链的可持续发展。

5.4 数值实验

本节通过数值分析来比较两种促销策略下，在线平台为促销活动付出的努力及获得的利润，进一步验证以上得出的研究结果，分析联合促销对异业合作在线平台最优策略的影响。经以上分析可知，两个在线平台对促销活动的投入及获得的利润具有相似性，因此本节在这里针对在线平台 1 的最优策略开展研究。首先，假设 $v=60$，$\beta=2$，$\gamma=1$，$\delta=2$，在联合促销可行的条件下，分别取值 $\alpha=0.4$ 和 $\alpha=0.8$ 来研究在线平台在两种促销策略下，对促销活动付出努力的最优决策变化。

与合作的伙伴相比，当在线平台本身市场上的基本消费者群体相对较小时，随着联合促销活动对增加消费者需求的影响增大，在线平台更愿意参与联合促销活动来更好地宣传其产品或服务，增加对联合促销活动的投入，寻求更多的发展机会。当在线平台本身市场上的消费者群体相对较大时，在线平台本身就面临许多的潜在消费者，在联合促销活动中比合作伙伴更具有优势，更希望通过自身的独立促销活动来进行促销，与异业的在线平台合作的意愿没有那么强烈，不愿意为了联合促销活动投入太多。但是随着联合促销活动对于增加消费者需求的作用逐渐增强，在线平台逐渐倾向于通过对联合促销活动付出相对更多的努力，来共同宣传平台的产品，不仅吸引自身市场中潜在的消费者，还吸引合作平台的基础市场消费者，实现消费者引流的目的，并追求利润最大化。

然后，假设 $v=60$，$\beta=2$，$\gamma=1$，$\alpha=0.4$，并分别取值 $\delta=2$ 和 $\delta=3$ 来研究在线平台 1 在两种促销策略下利润的变化情况，进一步探索联合促销对在线平台最优策略的影响。

当在线平台独立开展联合促销活动，吸引消费者购买商品的促销作用不明显时，平台更倾向于参加联合促销活动来寻求新的商机，随着联合促销活动吸引消费者来购买产品的效果不断增强，在线平台将获得更高的利润。相反，当在线平台通过独立开展促销活动可以很好地吸引消费者时，平台的管理者首先需要权衡独立促销活动、联合促销活动对需求影响的相对大小，来决定是否加入联合促销与合作伙伴一起开展促销活动。另外，较高的产品价格以及服务水平将提升在线平台的利润，同时更多的消费者也会促进服务供应链的可持续发展。受到促销活动成本等因素的影响，较低的产品价格以及服务水平，可能会提升或者降低在线平台的利润，相应地影响其供应链的可持续发展。

5.5 扩展模型

5.5.1 研究背景

随着互联网商业的蓬勃发展，各类电商平台层出不穷，与此同时，消费者意识的逐渐转变也加剧了电商平台间的竞争。在此情形下，电商平台企业获得新顾客的成本越来越高，取得竞争优势的关键在于如何提升顾客忠诚度及黏性，并进一步挖掘其潜在价值。因此，采取合适的营销策略成为电商平台的制胜手段之一。

为了降低获客成本、增加用户数量，增强自身平台竞争力，平台之间纷纷选择非竞争关系的合作伙伴来推出联合会员。这些合作伙伴可以在实现客户价值的过程中充当主平台和第三方平台的双重角色。电商主平台发布联合会员促销活动，通过低价和跨界组合等卖点吸引消费者。合作平台的宣传依赖于主平台，是客户的次要功能选择，主平台会与多个平台合作，为客户提供更多选择。客户通常通过平台宣传或朋友推荐了解联合会员的促销活动，然后根据个人需求作出决定，注册成为平台用户，或续费成为会员。在使用满意后，他们可能会主动通过社交媒体等途径再去向他人推广。最终，电商平台通过这种异业合作跨界营销方式实现其在市场中的经济价值、功能价值和社会价值。

在互联网竞争的新格局中，联合会员营销凭借其独特的优势为电商企业所青睐，已成为各大服务平台绕不开的拉新手段和吸引消费者的"卖点"。京东和爱奇艺作为国内领先的服务平台，各自在不同领域拥有独特的优势与特点。京东是国内最大的自营电商平台，积累了丰富的线上电商运营经验，而爱奇艺是国内领先的在线视频平台，其丰富的视频内容和多样化的观看方式吸引了大量会员用户。

考虑到联合会员卡可以享受两个平台的服务，比独立会员更便宜，对于在爱奇艺和京东两个平台都需要使用会员权益的用户来说，联合会员卡显然更有吸引力，但对于只需要一个平台会员卡的用户来说效果未知。研究异业合作营销模式和平台供应链决策至关重要，本章通过构建博弈论模型来解决以下问题:异业合作营销的效果如何、如何通过发行联合会员卡使各平台作出最佳选择。

5.5.2 相关研究现状

目前的研究表明，异业合作营销可以提高品牌影响力、整合用户资源，服务平台的付费会员模式会增加用户黏性，促销会增强消费者的购买意愿，而异业合作营销的理论研究和案例分析都非常全面。然而，在付费会员方面，我们发现大多数学者仍处于理论建模阶段，很少有学者利用实地案例研究的方法来验证模型的结论。在这些研究中，建模假设主要基于理论条件，并提出了理想化的建议，而案例分析很少。在国际学术界，关于异业合作联合会员影响的研究很少，大多只分析单个因素，很少将两者结合起来。因此，同时考虑异业合作与付费会员对供应链决策的影响仍然存在一定的研究空间。

从上述分析内容开始，本章综合运用了研究结果，建立了需求函数和利润函数，分别确定了在独立会员和联合会员下两个服务平台的促销力度、价格和利润表达式。同时运用数值模拟丰富模型，旨在创建更具现实意义和更完善的模型。

5.5.3 问题描述

本章讨论了两个服务平台 i（$i=1, 2$）共同发行联合会员，两者之间不存在领导者与追随者的关系，只为实现利润最大化作出各自视角的最佳选择。当两个平台之间不存在合作关系，只发行平台的独立会员时，本章将其称为独立会员模式;当两个平台之间进行异业合作营销发行联合会员时，将其称为联合会员模式。

在不失一般性的前提下，本章假设两种产品的单位生产成本为0，如果平台双方发行联合会员，他们不仅可以刺激自己市场的需求，还可以吸引其他平台的目标客户的注意力，从而扩大自己的客户群。为了方便区分独立成员的情景与联合成员的情景，上标0表示独立成员情景下的变量与均衡解。本节给出了所使用的符号的定义，如表5-3所示。

表5-3　　　　　　　　　　参数表

符号	定义	备注
α	分割市场的比例	$0 \leqslant \alpha \leqslant 1$
v	两个市场中的消费者总数	$v>0$
b	消费者对于价格的敏感系数	$b>0$
l	独立促销努力投入对需求的影响系数	$l>0$
k	联合促销努力投入对需求的影响系数	$k>0$
y_i^0	独立时平台i对促销付出的努力程度	$y_i^0>0$
y_i	联合时平台i对促销付出的努力程度	$y_i>0$
z_i	两平台联合的促销努力度	$z_i>0$
p_i^0	独立时平台i销售产品的价格	$p_i^0>0$
p_i	联合时平台i销售产品的价格	$p_i>0$
D_i^0	独立时平台i的市场需求函数	$D_i^0>0$
D_i	联合时平台i的市场需求函数	$D_i>0$
π_i^0	独立会员情况下平台i的利润函数	$\pi_i^0>0$
π_i	联合会员情况下平台i的利润函数	$\pi_i>0$

5.5.4　模型及求解

为了研究需求受价格和促销努力程度影响时的供应链问题，结合异业合作营销的相关特点，假设平台的促销努力成本为y的增函数，且具有凸函数的性质。

当平台间异业开展合作营销，发行联合会员的情况下，平台不仅拥有单个市场的消费者，还可以使双方的消费者资源得到整合，两个市场中的消费者总数为 v。联合进行促销活动的促销努力为 $z_i + z_{3-i}$。

在本章所考虑的供应链系统中，两个服务平台都作为独立的决策个体而存在，双方均以实现自身利润最大化为决策的最终目的，并无主从关系。通过分别求解一阶条件：$\dfrac{\partial \pi_i^0}{\partial p_i^0} = \dfrac{\partial \pi_i^0}{\partial y_i^0} = 0$ 和 $\dfrac{\partial \pi_i}{\partial p_i} = \dfrac{\partial \pi_i}{\partial y_i} = \dfrac{\partial \pi_i}{\partial z_i} = 0$，可得到最大利润时的促销努力。

根据以上建立的模型，在开展独立会员的情况下，令 $\dfrac{\partial \pi_1^0}{\partial p_1^0} = \dfrac{\partial \pi_1^0}{\partial y_1^0} = 0$ 可得：

$$p_1^0 = \frac{v\alpha}{2b - l^2}$$

$$y_1^0 = -\frac{lv\alpha}{-2b + l^2}$$

结合上述运算步骤，可以求解得到两服务平台同时做出决策时实现各自利润最大化时的均衡解。相关解及利润如表 5-4 所示。

表 5-4   均衡解

独立会员	独立会员	联合会员
$p_1^0 = \dfrac{v\alpha}{2b - l^2}$	$p_2^0 = \dfrac{-v + v\alpha}{2b - l^2}$	$p_i = \dfrac{v}{2b - 2k^2 - l^2}$
$y_1^0 = -\dfrac{lv\alpha}{-2b + l^2}$	$y_2^0 = \dfrac{l(-v + v\alpha)}{-2b + l^2}$	$y_i = -\dfrac{lv}{-2b + 2k^2 + l^2}$ $z_i = -\dfrac{kv}{-2b + 2k^2 + l^2}$
$D_1^0 = \dfrac{bv\alpha}{2b - l^2}$	$D_2^0 = \dfrac{bv(1 - \alpha)}{2b - l^2}$	$D_i = \dfrac{bv}{2b - 2k^2 - l^2}$
$\pi_1^0 = \dfrac{v^2 \alpha^2}{4b - 2l^2}$	$\pi_2^0 = \dfrac{v^2(-1 + \alpha)^2}{4b - 2l^2}$	$\pi_i = \dfrac{\left(2b - k^2 - l^2\right)v^2}{2\left(-2b + 2k^2 + l^2\right)^2}$

可解得两服务平台开展联合会员营销时，服务平台1的海塞矩阵为 $\begin{bmatrix} -2b & l & k \\ l & -1 & 0 \\ k & 0 & -1 \end{bmatrix}$，

为确保结果有极值，需满足 $\begin{cases} -2b < 0 \\ 2b - l^2 > 0 \\ -2b + k^2 + l^2 < 0 \end{cases}$ 。因此可解得：$k < \sqrt{2b - l^2}$ 。

将需求、价格、促销努力、利润约束区间取交集，可得到 k 的可行区间为

$k < \sqrt{\dfrac{2b - l^2}{2}}$ 。即，要确保开展联合会员营销时各服务平台需求、价格、利润均为正数，此时服务平台才会共同发行联合会员，并使双方共同的利润最大化。

要使开展联合会员与独立会员活动的需求差值大于 0，即 $\Delta D_1 > 0$，表示消费者在联合会员的情况下的需求量比独立会员的需求量大，此时联合会员活动才有开展的必要。

当满足以下条件时，$\Delta D_1 > 0$。

（1）$0 < b < \dfrac{l^2}{2}, k > \dfrac{\sqrt{\dfrac{-2b + l^2 + 2b\alpha - l^2\alpha}{\alpha}}}{\sqrt{2}}$ 或

（2）$b > \dfrac{l^2}{2}, -\dfrac{\sqrt{2b - l^2}}{\sqrt{2}} < k < \dfrac{\sqrt{2b - l^2}}{\sqrt{2}}$

因为 $k < \sqrt{\dfrac{2b - l^2}{2}}$ 时，利润才为正，故舍去（1）。

当满足此条件时，开展联合会员的消费者需求比开展独立会员时增长了，说明此策略吸引了更多的消费者。

在满足条件的情况下，服务平台可以通过开展联合会员来实现消费者资源共享的目标，并追求平台服务供应链的可持续发展，以实现利润最大化。然而，在不满足这些条件的情况下，服务平台的决策者需要考虑多个因素，例如，过高的支出并不会达到预期的效果，反而会增加成本并减少收益。因

此，联合会员并不一定是更好的会员发行方式，甚至可能会阻碍在线平台实现其利润最大化的目标。

当联合促销努力系数$k<0.5$时，$\Delta\pi_1$随着k的增加而增加。可以看出当联合促销努力系数较低时，系数的增加会给服务平台双方都带来较大的收益，对比独立促销情况利润不断增加。这说明，在这个阶段，消费者为联合促销所吸引，购买欲望大幅增加，所以应该持续增加联合会员合作，以达到利润最大。但在$0.5<k<0.8$时，随着k的增加，$\Delta\pi_1$反而减少了。此阶段表明，虽然联合会员可以为服务平台带来收益，但随着联合促销努力系数k的不断增加，促销努力的成本也会相应增加，与独立促销利润的差值会因此而减少。在此阶段，服务平台应适当减少与另一平台的合作。当$k>0.8$时，$\Delta\pi_1$为负数，表明联合会员的利润小于独立会员的利润。此阶段服务平台应该停止联合会员活动，以避免更大的损失。

当企业之间的竞争不断加剧时，新的促销方法也层出不穷。联合会员模式作为异业合作营销的一种方式，为服务平台吸引了更多客户，提高了付费会员的比例，从而增加了平台收入。同时，越来越多的服务平台开始考虑联合会员作为战略决策的一部分。

本节在现有付费会员和异业合作营销研究的基础上，建立博弈模型，通过数值分析得出以下结论。

（1）通过分别分析独立会员与联合会员模式下的利润与促销努力，可得出：k、l与促销努力和利润都呈正相关，独立促销努力对需求的影响l可以更明显地改变促销努力程度。

（2）通过计算开展联合会员与各自发行独立会员的价格、促销努力、需求与利润的差值，分析发现联合会员促销活动比独立会员促销活动吸引了更多的消费者，从而增加了服务平台的利润。

（3）通过创建模型和数值模拟分析，发现适当的联合促销投入可以有效避免平台蒙受损失，因为增加联合促销努力会导致成本增加，如果超过一定程度，联合促销应该立即停止或减少。

根据相关理论，在实际生活中，联合会员促销吸引客户不仅仅是因为其性价比高或消费者偏好等因素。因此，服务平台在考虑是否应该进行联合会员促销时，应考虑这些因素。同时，服务平台也应考虑竞争对手的促销策略，例如降低价格或增加独立促销。这些竞争对手可能会使联合会员促销策略不那么有效，这需要具体分析。除此之外，服务平台应该结合更多的促销方式来丰富促销模式并扩大消费者的选择范围。例如，如果联合会员促销投入过多，但平台利润和消费者数量都没有增加，可以考虑综合使用多种促销方法。

5.6　本章小结

面对日益激烈的市场竞争，会员管理逐渐成了在线平台实现盈利的关键，在不同市场上经营的在线平台普遍采用联合会员制，即客户只需支付一次会员费，就可以享受多个平台的会员权益，来开展联合促销，比如在线购物平台京东与视频平台爱奇艺合作推出"京东+爱奇艺会员"计划。消费者不仅可以提前观看爱奇艺的会员限定数字内容，还可以在购物时享受多倍积分等服务。基于会员管理对于在线平台的重要作用，以及异业合作的在线平台实施联合促销的丰富案例，本章针对异业合作的在线平台合作推出多种价格的联合会员，来增加付费会员数量的促销策略，研究在线平台是否应该通过向客户提供联合会员等开展联合促销，追求相互引流以及实现利润最大化的目标。除了考虑联合会员的价格和服务水平外，异业合作的在线平台还必须考虑促销成本的影响，本章研究了联合促销对异业合作在线平台及其供应链的影响，以促进供应链的可持续发展，为管理者提出相关的运营建议。

本章的主要发现如下：①不管在线平台采用什么样的促销策略，消费者都可以根据销售价格来获得产品或服务的真实服务水平信息。②异业合作的在线平台之间是否能顺利开展联合促销，不仅取决于产品或服务的价格、服务水平对吸引消费者的影响，还取决于联合促销活动是否能够很好地吸引消费者，刺激消费者的购买欲望。③在线平台是否愿意为联合促销活动付出更多的努力，主要取决于其自身的基础市场份额是否超过合作伙伴。如果在线平台本身就有大量的基础市场消费者，则具有相对的流量优势，因此不太愿意在联合促销上付出更多的努力，更愿意通过独立促销活动来吸引消费者。④当在线平台的独立促销活动对需求影响相对较小时，平台更愿意参与联合促销，借助联合促销活动的影响力以获取更高的利润。⑤付费会员数量的上升增加了在线平台消费者的数量，这为平台上游服务供应商带来了更多的市场机会，从而促进供应链的可持续发展。⑥随着联合促销对增加消费者需求的影响发生变化，在线平台可以改善其产品质量和提高价格以获得更高的利润，从而实现供应链的可持续发展。⑦商品的价格和服务水平下降可能会提高或降低在线平台的利润，而消费者对产品的需求减少将阻碍供应链的可持续发展。

6 考虑替代品竞争的异业合作在线平台运营决策

随着平台经济的蓬勃发展，大量的在线平台开始涌现，提供类似内容或者服务的在线平台逐渐增多，平台管理者面临的竞争也越来越激烈。在线平台追求联合促销来寻求更多的发展机会，吸引更多客户的关注逐渐成为常态，在线平台之间的合作形式越来越丰富。本章考虑了在线平台开展联合促销的另一个重要的问题，即在考虑存在替代产品竞争的情况下，如何选择最优的合作伙伴。针对联合促销模式下在线平台比较常见的两种合作方式：与异业的在线平台直接合作，还是与竞争的在线平台以及异业的在线平台一起合作开展联合促销活动。本章分析了在不同的合作形式下，在线平台能够顺利开展联合促销的驱动因素，探索在什么条件下，哪一种联合促销的形式对在线平台来说是最优的，并分析了联合促销对在线平台最优决策的影响，以提高其市场覆盖率和盈利能力。

6.1 问题描述

平台经济的快速发展催生了许多新的商业模式，深刻地改变了消费者的生活方式（Chen等，2020），其中包括电商平台（淘宝、京东、拼多多）、打车平台（优步、滴滴）、视频平台（Netflix、爱奇艺、芒果TV）、餐饮外卖平台（Grubhub、"饿了么"、美团）等。此外，新冠疫情也颠覆了消费者的生活和消费模式。埃森哲的新冠疫情下消费者研究报告称，有52%从来没有在家工作过的加拿大人打算在未来几年更频繁地居家办公。消费者的购物方式也发生了巨大变化，电子商务和全渠道服务的使用率也大幅提高。因此，已经转向数字客户服务渠道的消费者会期望这些购物渠道能够在未来改善其服务和产品。

随着平台经济在消费者日常生活中的快速渗透，在线平台也面临着激烈的竞争。越来越多的在线平台开始追求联合促销，以此来宣传推广自己的产品和服务。联合促销不仅可以增加访问店铺的客户数量，还可以增加消费的客户数量。另外，不同市场上经营的在线平台之间的合作迅速兴起。例如，在线视频平台爱奇艺与竞争对手腾讯视频、横店影视合作，投资制作电视剧，并联合投放广告，推广各自的平台。此外，网络购物平台苏宁与爱奇艺合作，知识服务平台得道与财付通合作，推出联合会员计划。在前一个合作的例子中，消费者支付一次会员费后，不仅可以享受两个平台提供的跳过广告和提前观看付费内容，还可以享受免费配送和折扣券。另外，爱奇艺、腾讯视频与京东合作推出不同类别的联合会员供消费者选择。消费者可以根据自己的喜好和要求，选择"京东+爱奇艺"或"京东+腾讯视频"联合会员。购买联合会员后，消费者可以享受到由京东提供的快速配送、优惠券等特权，以及在线视频平台提供的1080p清晰度、杜比音效等服务。此外，百度文库还推出了"百度文库+芒果TV"和"百度文库+爱奇艺"的联合会员供消费者选择。虽然人们普遍认为，促销是企业通过促进消费者需求来提升盈利能力的有效途径（Pramanik等，2017），但随着在线平台之间开展促销的形式越来越丰富，如何选择最优的合作伙伴，对推动平台经济的高质量发展十分重要。

在当前新冠疫情的影响下，人们越来越多地转而使用在线平台进行线上非接触式消费。与新冠疫情在国内大流行前相比，网购果蔬类、饮料类的消费者数量分别增加了27.6%和17.3%。网络视频行业用户数量较疫情发生前增长了17.4%，日均使用时间超过1.5小时。此外，在线视频平台爱奇艺、芒果TV、腾讯视频的付费会员数分别按月增长了1079%、708%和319%。

面对如此巨大的发展潜力，在线平台都渴望找到更有效的方式来进行联合促销。

上述现象表明，人们的日常生活越来越离不开各种在线平台，虽然在实践中，多个在线平台联合促销其产品和服务是很常见的，但很少有研究涉及在线平台在追求联合促销时面临的另一个重要问题，即如何选择最佳的合作伙伴。平台管理者如何在合作中制定最优运营和定价策略，以及在平台经济迅猛发展的大背景下，异业合作的在线平台开展联合促销活动的理论和实践意义也是值得进一步研究的。

本章研究了异业合作的在线平台之间的两种具体联合促销形式，即两个异业的在线平台之间的直接合作，以及两个存在竞争关系的在线平台同时与一个异业的在线平台之间的合作。本章分析了这两种联合促销形式对在线平台最优决策的影响，在线平台在面临竞争对手的可替代产品的竞争时，如何制定最优的促销策略，实现利润最大化目标，以及哪种形式的联合促销对于在线平台来说是最优。

本章的其余部分组织如下，6.2节构建了博弈模型，并在满足利润最大化的条件下，分析联合促销的最优解。6.3节对两种联合促销形式下，在线平台的最优策略进行了对比分析。6.4节进行了数值实验，为在线平台管理者在面临替代品的竞争时，进一步提出运营管理的建议。6.5节对本章进行了总结。

6.2 考虑替代品竞争的异业合作在线平台联合促销决策模型

本章研究了在线平台在面临可替代产品的竞争时，应该如何选择最佳的合作伙伴来开展合作，以及哪些因素决定了联合促销活动能否顺利地实施。首先，介绍了本章使用的符号和基本假设；其次，简述了追求联合促销的在线平台的需求函数和利润函数；最后，建立了在线平台的两种博弈模型，来分析追求联合促销的在线平台的利弊。

6.2.1　模型描述

在构建考虑替代品竞争的异业合作在线平台联合促销决策模型之前，本节首先给出了本章中使用的相关符号的定义，如表6–1所示。

表6–1　　　　　　　　　　　　　　　参数表

符号	含义
v	基本市场需求
γ	价格对需求的影响系数
p_i	平台i的零售价格
b_i	平台i对联合促销付出的努力程度
a_i	平台i对独立促销付出的努力程度
d_i	消费者对平台i产品的需求
ω	独立促销对需求的影响系数
θ	联合促销对需求的影响系数
π_i	平台i的单位利润

本章考虑了三个在线平台之间的合作，表示为在线平台i（$i=1, 2, 3$）。假设平台1和平台2是竞争者，它们形成双寡头垄断的市场，分别销售竞争性的产品，而平台3销售的产品是独立于其他两个在线平台的。假设平台1和平台2之间不存在领导者与跟随者的关系，由于平台3处于不同的市场，所以三个平台之间不存在领导者与追随者的关系。将两个异业合作的在线平台，即平台1与平台3联合促销其产品的场景标注为模型1。同理，将三个在线平台进行联合促销的场景称为模型2。图6–1展示了在线平台之间的两种合作形式。

本章将在线平台i在促销其产品或者服务时，为独立促销活动付出的努力表示为a_i，为联合促销活动付出的努力表示为b_i，$i=1, 2, 3$（Karray，2015）。根据McGuire和Staelin（1983）、Chu和Desai（1995）的研究，假设消费者对

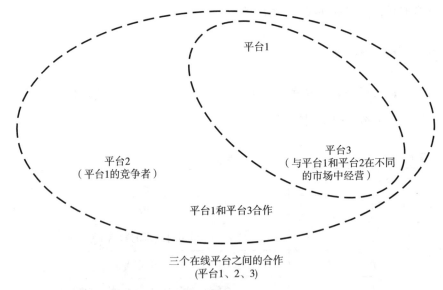

平台1

平台2
（平台1的竞争者）

平台3
（与平台1和平台2在不同
的市场中经营）

平台1和平台3合作

三个在线平台之间的合作
（平台1、2、3）

图6-1 在线平台之间联合促销的两种形式

在线平台 i 的需求 d_i 与其产品价格 p_i 呈负相关，并随着其竞争对手的价格的上涨而增加。此外，d_i 随在线平台 i 为独立促销付出的努力 a_i 和为联合促销付出的努力 b_i 的增多而增加（Karray，2015；Yu 等，2019）。本章假设所有的产品都有相同的基本需求 v，这意味着过去的促销活动并没有使消费者建立对产品的偏好（Karray，2011）。此外，本章还假设三个在线平台的行为具有对称效应，即在每个在线平台的需求函数中，自身价格对需求的影响系数 γ、独立促销对需求的影响系数 ω、联合促销对需求的影响系数 θ 都是相同的（Karray，2011）。另外，假设 $\gamma > 1$，即在线平台本身的价格对自身消费者需求的影响大于竞争对手价格对自身需求的影响（Karray，2011；2015）。

6.2.2 模型构建

在不失一般性的前提下，将所有在线平台产品的单位生产成本归一化为零。根据相关的研究文献，本章假设在线平台的促销成本与其为促销活动付出的促销努力之间是二次方的关系，所以 a_i^2 和 b_i^2 分别是在线平台 i 开展独立促销和联合促销的成本，如广告费、行政费用等。在两种合作模型中，γ、

θ和ω均为正值。

在模型1中，平台1与不同市场上经营的平台3开展联合促销活动，所以b_1+b_3是两个在线平台为联合促销付出的努力。平台2为促销自身的产品而开展的独立促销活动付出的努力为a_2。另外，平台1和平台3的联合促销活动对消费者对平台2产品的需求产生了负效应$\theta(b_1+b_3)$。与模型1不同的是，模型2展示了三个在线平台之间的合作，通过共同的努力$b_1+b_2+b_3$进行联合促销，寻求更多发展机会的场景（见表6-2和表6-3）。与前面几节内容类似，本节根据上述在两种联合促销模式下得出的模型，求解出模型中的纳什均衡结果。三个在线平台同时做出最优决策，分别追求利润最大化。

表6-2　　　　　　　　　　模型1的需求和利润函数

平台	需求	利润
平台1	$d_1 = v - \gamma p_1 + p_2 + \theta(b_1+b_3)$	$\pi_1 = p_1 d_1 - b_1^2$
平台2	$d_2 = v - \gamma p_2 + p_1 + \omega a_2 - \theta(b_1+b_3)$	$\pi_2 = p_2 d_2 - a_2^2$
平台3	$d_3 = v - \gamma p_3 + \theta(b_1+b_3)$	$\pi_3 = p_3 d_3 - b_3^2$

表6-3　　　　　　　　　　模型2的需求和利润函数

平台	需求	利润
平台1	$d_1 = v - \gamma p_1 + p_2 + \theta(b_1+b_2+b_3)$	$\pi_1 = p_1 d_1 - b_1^2$
平台2	$d_2 = v - \gamma p_2 + p_1 + \theta(b_1+b_2+b_3)$	$\pi_2 = p_2 d_2 - b_2^2$
平台3	$d_3 = v - \gamma p_3 + \theta(b_1+b_2+b_3)$	$\pi_3 = p_3 d_3 - b_3^2$

6.3　策略对比分析：合作或竞争

根据以上得到的纳什均衡解，本节首先分析合作的在线平台什么时候可以顺利地开展联合促销，然后，分析比较上述两种合作模式下，三个在线平台最优定价、促销努力、利润等的差异，探索存在替代品的竞争时，联合促销如何影响在线平台的最优策略，以及在线平台如何选择最优的合作伙伴。

命题6-1 价格、独立促销活动、联合促销活动对需求的影响决定了在线平台参加联合促销的合作意愿，具体如下：

① $\omega < \sqrt{\dfrac{4\gamma^2-1}{\gamma}}$ 和 $\theta < \sqrt{\dfrac{1+2\gamma}{2}}$

② $\sqrt{\dfrac{4\gamma^2-1}{\gamma}} < \omega < 2\sqrt{\gamma}$ 和 $\sqrt{\dfrac{4\gamma^3-\gamma^2\omega^2-\gamma}{8\gamma^2-2\gamma\omega^2-2\gamma-1}} < \theta < \sqrt{\dfrac{1+2\gamma}{2}}$

当在线平台的竞争对手独立开展促销活动，对吸引消费者前来购买产品的效果相对较小时，联合促销对需求的影响也不会太大。相应地，在线平台只需要适当地减少对联合促销的投入，就可以很好地应对来自竞争对手的威胁。相反，为了应对竞争对手的独立促销活动所带来的影响，加大对联合促销的投入，增强联合促销活动对增加消费者需求的效果，是保证合作成功的必要条件。

命题6-2 在合作模式1下，在线平台产品的零售价格不一定低于其竞争对手。

鉴于在线平台1和在线平台3之间属于不同行业的合作，充分利用各自市场上的资源，寻求优势互补，在线平台2面临竞争对手的激烈竞争。所以，当在线平台2独立开展促销活动不能很好地引起消费者的关注时，平台管理者会以降价的方式吸引消费者，提升竞争力。相反，当联合促销活动对需求的影响相对较小，在线平台2仍然具有一定的优势，因此可以设定较高的零售价格来追求更高的利润。当联合促销活动可以吸引大量的消费者时，为了应对在线平台1和在线平台3的促销活动带来的冲击，在线平台2将降低产品的零售价格，让消费者感受到多重的优惠，期望吸引更多的消费者，提升平台的竞争力。

命题6-3 在合作模式1下，在线平台2为独立促销付出的努力不一定高于在线平台1和在线平台3对联合促销付出的努力。

当在线平台1和在线平台3开展联合促销活动时，共同推出联合会员，以及开展一系列的促销活动来吸引消费者，但独立促销活动和联合促销活动对消费者需求的影响不断变化，使它们为了联合促销付出的努力，不一定高于在线平台2对独立促销活动付出的努力。当在线平台2开展独立促销活动，不能很好地吸引消费者时，市场上的竞争就没有那么激烈，且在线平台1和在线平台3合作开展联合促销活动，消费者对平台的联合会员需求也没有那么高。因此，在线平台1和在线平台3为了减少开支，会减少对联合促销的支出，这样就可以很好地应对竞争者的威胁。相反，当联合促销活动可以吸引大量的消费者时，在线平台1和在线平台3就愿意为联合促销付出更多努力，充分利用联合促销的影响，来扩大优势并提高利润。此外，当在线平台2开展独立促销活动可以吸引大量消费者的关注，但合作的平台开展联合促销活动对增加消费者需求的影响较小时，异业合作的在线平台1和在线平台3会加大对联合促销活动的投入来促销产品，并更好地应对在线平台2的竞争。相反，异业合作的在线平台能够以较低的成本有效地开展联合促销。

命题6-4 对比在合作模式1下在线平台的利润，得出以下结论：

①在线平台1不一定比竞争对手在线平台2的利润高。

②在线平台1可以获得比合作伙伴在线平台3更高的利润。

当在线平台2通过开展独立促销活动不能很好地吸引消费者的关注，刺激消费者的购买欲望，且消费者对在线平台1产品的需求受到联合促销的影响也相对较小时，在线平台1参与联合促销来宣传，不一定会使其情况变得更好。当在线平台2的独立促销活动对消费者需求的影响相对较小时，在线平台1可以通过参与联合促销获得较高的利润。相反，当在线平台2为独立促销付出的努力对消费者需求的影响相对较大时，在线平台2可以获得比在线平台1更高的利润，这会降低在线平台1管理者参与联合促销的意愿。当联合促销对需求影响相对较大时，在线平台1更倾向于参与联合促销，提升产品的曝光度，赚取更多的利润。无论在线平台2的独立促销对增加消费者需求的影响如何变化，在线平台1总能获得比在线平台2更高的利润。此外，当独立促销吸引消费者的效果比较明显时，在线平台1通过和在线平台3开展联合促销，总能获得比竞争对手更高的利润。此外，在线平台1可以获得比合作伙伴在线平台3更高的利润。

命题6-5 在线平台1选择单独与异业的在线平台3合作，还是与竞争对手以及在线平台3一起合作，实施相应的促销活动来吸引更多的消费者，主要取决于独立促销和联合促销对需求的影响。

经研究发现，在线平台的管理者如何选择最佳合作伙伴来进行联合促销，主要取决于独立促销和联合促销对需求的影响。当在线平台2开展独立促销活动对需求的影响相对较小时，在线平台1与在线平台3开展异业合作，此时面临竞争对手的压力会比较小，通过更丰富的促销活动可以获得更高的利润。相反，当在线平台2开展独立促销活动对需求的影响相对较大时，在线平台2通过独立促销活动可以吸引大量消费者的关注，所以在线平台1与在线平台3开展合作时，会面临市场上的巨大竞争压力。这种情况下，在线平台1选择与其余两个在线平台一起开展合作可能是更好的选择。

6.4 数值实验

为了进一步在运营管理方面为在线平台管理者提出建议，本节通过数值实验来研究联合促销对在线平台最优定价策略的影响。本节假设 $v=30$，$\gamma=1$，根据联合促销活动可以顺利开展时的要求，独立促销活动对需求的影响系数 ω 分别取值：$\omega=1.5$ 和 $\omega=1.8$。

经过研究发现，当在线平台2开展独立促销活动，不能很好地促进消费者前来购买其产品或服务时，平台的管理者可以采取降价的方式让消费者享受到多重的优惠，这样做能够更好地与在线平台1展开竞争。当在线平台2通过开展独立促销活动，吸引消费者的关注并刺激消费者购买欲望的效果比较明显，且其竞争对手在线平台1与异业的在线平台3开展联合促销活动，不能够很好地提升消费者对产品的需求时，那么在线平台2仍然可以设定一个较高的零售价格来追求更高的利润。随着联合促销活动对增加消费者需求影响的逐渐增强，为了提升竞争力，降低零售价格便成了在线平台有效的促销策略。

6.5 本章小结

不同市场上经营的在线平台共同推出联合会员，同时开展一系列的联合促销活动已经被证明是一项重要的促销策略，推动了平台经济高速发展。随着在线平台的成功经营，在线平台之间的竞争越来越激烈，在线平台之间的合作形式也逐渐丰富，平台管理者面临越来越多的选择。本章针对实际经营活动中比较常见的两种在线平台之间合作的方式进行分析，主要探讨了当市场上存在可替代产品的竞争时，联合促销对在线平台最优策略的影响，以及如何选择最佳的合作伙伴来实现利润最大化的目标，提升平台的竞争力。

本章的主要研究结果如下。①讨论在线平台采用何种形式来开展联合促销，成功的联合促销不仅取决于价格对需求的影响，还取决于独立促销和联合促销对需求的影响。②当在线平台单独与异业的在线平台展开合作时，如果其竞争对手通过自身的独立促销活动，不能很好地促进消费者对产品需求的增长，竞争对手平台会降低其产品的价格，以吸引更多的消费者，提高竞争力。相反，随着联合促销对需求影响的变化，在线平台的零售价格不一定会比竞争对手的高，其竞争对手会根据在线平台开展联合促销活动的实际情况，来不断调整自身的定价策略。③随着联合促销对增加消费者需求影响的增强，在线平台和异业的在线平台在联合促销上付出的努力，会比其竞争对手在独立促销上付出的努力更多。④在线平台单独与异业的在线平台开展联合促销时，获得的利润会高于其合作伙伴。但与竞争对手相比，因为独立促销和联合促销对需求的影响不同，两者利润的差值也会随之变化。⑤在线平台与合作伙伴开展联合促销的最佳形式，主要取决于独立促销和联合促销是否能够很好地促进消费者对产品需求的增长。

7 考虑不同渠道结构的异业合作供应链运营决策

随着经济的高速发展，公共环境问题受到了大众广泛的关注，为了应对环境和气候变化所带来的威胁，各国政府部门、企业都相继提出了实现"碳达峰、碳中和"的目标以及具体实施计划，旨在促进经济的可持续循环发展。政府部门通过实施补贴等一系列的措施，来促进清洁能源与新技术的广泛应用，激励企业生产更加环保、绿色的产品。因此，制造商广泛加大对绿色产品的投资，来满足消费者日益增长的需求。为了寻求更多的机会，实现供应链的可持续发展，零售商普遍采用联合促销策略，集中品牌资源，同时向消费者推销各自的产品或者服务。虽然这些企业在不同的市场上经营，但有着相同的目标客户群体构成了这些企业合作的基础。本章主要针对异业合作的企业在开展联合促销活动时，供应链的不同渠道结构，即集中式与分散式渠道结构，对制造商、零售商及绿色供应链最优策略的影响展开讨论。此外，本章还研究了非对称的价格、联合促销活动、绿色投资对需求影响的情况，进一步探索相关参与者以及供应链最优策略的变化，推动供应链的可持续发展，实现经济效益与社会效益的统一。

7.1 问题描述

随着政府不断推出多项环保政策，消费者的环保意识不断增强，环境问题越来越引起人们的关注，绿色发展的理念逐渐引起人们的重视，绿色供应链应运而生（Sun等，2019）。消费者需求不断向个性化、差异化发展，产品更新迭代的速度加快，消费者更倾向于购买绿色环保的产品，绿色供应链管理越来越受到人们的重视。为了满足消费者不断变化的需求，制造商开始加大绿色投资，大力投入环保绿色产品的研发和生产。另外，零售商通过各种促销活动来吸引更多的消费者，为了避免企业之间产生矛盾，充分利用资源互补，在不同市场上经营的零售商开展联合促销活动逐渐兴起。

　　为了促进经济高速发展，兼顾保护生态环境的可持续性，发展循环经济已经成为各国的共识。政府部门大力扶持企业的绿色研发，出台相关政策等激励措施来支持企业的绿色投资，如美国政府为企业提供生产电动汽车的补贴（Helveston等，2015），印度政府开展34项金融计划以刺激LED（发光二极管）灯的广泛应用，马来西亚政府推出一系列税收减免措施和优惠券，来刺激消费者购买绿色产品等。以上例子表明，绿色供应链将是未来发展的重点。除了安全高效地生产绿色产品，如何有效地向消费者推广绿色产品，对绿色供应链的成员及供应链本身来说是非常重要的。

　　除了政府的支持和制造商的努力，零售商也开展了各种各样的促销活动来推广绿色产品，特别是出售家居建材产品的企业，采用联合促销的方式来推广产品是很常见的。地板厂商柏尔以无甲醛、无有害气体为卖点，与致力于为消费者提供安全、绿色厨房环境的方太合作，制作广告并发放绿色消费券，共同吸引更多消费者。全屋定制厂家索菲亚与家电企业格力合作，开展一系列促销活动，为消费者提供绿色智能的生活环境。此外，欧派联合蒙娜丽莎、德鲁奇、大自然、万华、酷家乐、多乐士共同发起中国泛家居行业最具影响力的"绿色家居联盟"，共同将各自的品牌更好地推广出去。异业企业之间的合作，不仅可以为消费者提供更加绿色、健康的生活环境，还可以大大提升产品的品牌价值和社会影响力。此外，大型购物中心还有很多类似的品牌合作，其目的是通过共同分担促销活动的费用，来更高效地推广自己的产品或者服务，如居然之家、红星美凯龙等。

　　综上所述，为了推进绿色供应链持续有效地发展，企业除了进行大量的绿色投资，还与在不同行业或市场上经营的企业合作开展联合促销活动，哪些因素决定了此类合作可以成功地实施？联合促销对制造商、零售商及供应链的最优策略会有什么影响？供应链渠道结构对参与者的最优策略有什么影响？

本章的其余部分组织如下：7.2节介绍了相关模型并求解出纳什均衡结果；7.3节对模型开展了分析与讨论；7.4节开展了数值实验，为企业在实际运营中解决相关问题提出建议；7.5节考虑了非对称情形来进一步探讨联合促销的影响；7.6节对本章进行了总结。

7.2 考虑不同渠道结构的异业合作供应链联合促销决策模型

本章的研究重点是，分析两个在不同市场中经营的企业之间进行联合促销的利弊，帮助异业合作的企业，通过联合促销活动来更有效地推广各自的产品，同时促进绿色供应链的可持续发展。首先，本节介绍了整个研究过程中使用的相关符号及含义，提出本章的基本假设；其次，构建了具有分散式和集中式不同渠道结构的异业合作供应链联合促销决策模型；最后，根据以上得出的模型，本章推导出相关的纳什均衡解，分析它们的特征并讨论其潜在的管理意义。

7.2.1 模型描述

在构建异业合作供应链的联合促销决策模型之前，本节首先给出了本章中使用的相关符号的定义，如表7-1所示，然后构建博弈模型并推导出相关均衡解。

表7-1 模型中相关符号

符号	含义
ω	分散式供应链中制造商1的批发价格
v	基本市场需求

符号	含义
p_1	分散式供应链中零售商1的零售价格
p_2	集中式供应链2的零售价格
b_1	分散式供应链中零售商1对联合促销付出的努力
b_2	集中式供应链2对联合促销付出的努力
a_1	分散式供应链中制造商1的绿色投资
a_2	集中式供应链2的绿色投资
d_i	消费者对两种产品的需求
β	价格对需求的影响系数
θ	联合促销对需求的影响系数
α	绿色投资对需求的影响系数
π_{m_1}	分散式供应链中制造商1的利润
π_{r_1}	分散式供应链中零售商1的利润
π_{s_2}	集中式供应链2的利润

本章考虑属于不同绿色供应链的两个异业企业之间的合作，表示为 i，$i=1,2$。此外，假设两个绿色供应链具有不同的渠道结构，即供应链1是分散式的，供应链2是集中式的。供应链1中的零售商以批发价格 ω 向制造商采购产品，并以零售价格 p 销售给消费者。因此，本章采用 m_1 和 r_1 分别表示分散式供应链1中的制造商和零售商。同理，采用 s_2 表示集中式供应链2。

假设供应链 i 开展联合促销活动付出的努力为 b_i，作为供应链1中零售商1和供应链2的决策变量（Karray，2015）。此外，假设制造商1或供应链2的绿色投资为 a_i（Parsaeifar 等，2019）。根据相关的研究文献，本章假设消费者对产品 i 的需求 d_i 与产品零售价格 p_i 成反比。同时，供应链 i 的产品需求 d_i 会随着其为提升产品绿色属性付出的努力 a_i、为开展联合促销活动付出的努力 b_i 的增多而增加（Karray，2015）。另外，假设两个供应链的行为具有对称效应，即在各自的需求函数中，价格对需求的影响系数 β、为联合促销活动付出的努力对需求的影响系数 θ 以及为提升产品绿色属性所付出的努力对需求的影响系数 α 是相同的（Karray，2011）。

供应链开展联合促销活动过程如图7-1所示。

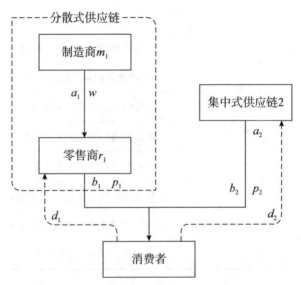

图7-1　考虑不同供应链的异业企业的合作模型

7.2.2　模型构建

在不失一般性的前提下，本章假设两种产品单位生产成本为0（Karray，2015）。异业合作的企业同时进行促销活动以吸引消费者，同时各自决策绿色投资。因此，消费者对两种产品的需求函数（i=1，2）为：

$$d_i = v - \beta p_i + \alpha a_i + \theta(b_1 + b_3) \tag{7-1}$$

由于异业合作的企业属于不同的市场，不存在领导与被领导的关系，在满足利润最大化的条件时，它们同时做出最优决策。在供应链1中，制造商决定的绿色投资为 a_i，零售商决定为联合促销付出的努力为 b_i。另外，将 a_i 和 b_i

作为供应链2的决策变量，根据Chu（1995）和Karray（2011）的研究，假设促销成本是为促销付出努力的二次方。所以，b_i^2 是供应链i关于开展联合促销活动的促销成本，同样，绿色投资的成本表示为 a_i^2。因此，联合促销模式下，制造商、零售商及供应链的利润函数如式（7-2）、式（7-3）、式（7-4）所示：

$$\pi_{m_1} = \omega\left[v - \beta p_1 + \alpha a_1 + \theta\left(b_1 + b_2\right)\right] - a_1^2 \qquad (7\text{-}2)$$

$$\pi_{r_1} = \left(p_1 - \omega\right)\left[v - \beta p_1 + \alpha a_1 + \theta\left(b_1 + b_2\right)\right] - b_1^2 \qquad (7\text{-}3)$$

$$\pi_{s_2} = p_2\left[v - \beta p_2 + \alpha a_2 + \theta\left(b_1 + b_2\right)\right] - a_2^2 - b_2^2 \qquad (7\text{-}4)$$

在式（7-2）和式（7-3）中，第一项是供应链1中制造商和零售商的收入，第二项是开展联合促销活动或绿色投资的成本。类似地，在式（7-4）中，第一项是供应链2的收入，第二项是绿色投资的成本，第三项是开展联合促销活动的成本。另外，β、α、θ 均为正数。

7.2.3　模型求解

基于以上建立的模型，通过求解一阶条件，求出模型的纳什均衡解，如表7-2所示。另外为了保证合作的成功，两个模型中的所有结果都必须为正值。

表7-2　　　　　　　　　　　　　　均衡解

	制造商——分散式供应链	零售商——分散式供应链	集中式供应链
p		$p_{r_1} = \dfrac{x + \omega\gamma}{\gamma}$	$p_{s_2} = \dfrac{\tau}{\gamma}$
a	$a_{m_1} = \dfrac{\omega\alpha}{2}$		$a_{s_2} = \dfrac{\alpha\tau}{2\gamma}$
b		$b_{r_1} = \dfrac{\theta x}{2\gamma}$	$b_{s_2} = \dfrac{\theta\tau}{2\gamma}$
d	$d_{m_1} = \dfrac{\beta x}{\gamma}$	$d_{r_1} = \dfrac{\beta x}{\gamma}$	$d_{s_2} = \dfrac{\beta\tau}{\gamma}$
π	$\pi_{m_1} = \dfrac{\omega\varphi}{4\gamma}$	$\pi_{r_1} = \dfrac{\left(4\beta - \theta^2\right)x^2}{4\gamma^2}$	$\pi_{s_2} = \dfrac{\tau^2\left(4\beta - \alpha^2 - \theta^2\right)}{4\gamma^2}$

7.3　策略对比分析：集中式或分散式决策

根据上述分析得到的纳什均衡解，结合相关均衡解非负等必要条件，本节首先分析了在什么条件下，具有不同供应链渠道结构的异业合作企业可以成功地开展联合促销，然后针对联合促销模式下相关的最优零售价格、绿色投资、对联合促销的支出和利润等，研究制造商、零售商的最优决策，探索联合促销对供应链的影响，促进供应链的可持续发展。

命题7-1　异业合作的企业能否顺利开展联合促销，主要取决于产品的批发价格以及零售价格、绿色投资和联合促销活动对需求的影响。

在可行的条件下，两家企业通过联合促销可以得到更多的销售机会，借助联合促销的影响来吸引更多的消费者，追求绿色供应链的可持续发展。由于供应链的分散式渠道结构的影响，制造商的批发价格对零售商的最优决策有很重要的影响。当批发价格相对较低时（即 $\omega < \dfrac{v}{\beta}$ ），企业的绿色投资和联合促销活动对需求的影响也要符合一定的条件，从而保证企业能够做出最优决策，实现利润最大化的目标。否则，企业可能会面临产品销售带来的收益不够支付绿色投资和促销活动所产生的成本，导致联合促销活动的失败。

命题7-2　产品零售价格的差异，主要受到联合促销活动对需求的影响而发生变化。

当异业合作的企业能够顺利地开展联合促销时，随着联合促销活动对需求影响的变化，两个企业零售价格的差异也在变化，分散式供应链中零售商的零售价格，不一定低于集中式供应链的零售价格。具体来说，当联合促销活动对增加消费者需求的效果相对较小时，分散式供应链中的零售商由于双重边际效应的影响，除了要负担联合促销活动的成本，还要向制造商支付购买产品的批发成本。因此，零售商会设定一个较高的零售价格来追求利润最大化的目标。相反，零售商可以通过相对较低的零售价格吸引更多的消费者，在很好地推广其绿色产品的同时，进一步促进供应链的可持续发展。

命题 7-3 两个绿色供应链整体的利润差异，主要受到批发价格以及绿色投资和联合促销活动对需求的影响。

当企业开展联合促销活动时，受到产品的批发价格，以及绿色投资和联合促销活动对需求的影响不同，分散式的供应链获得的利润不一定比集中式的供应链高。在大多数联合促销可行的条件下，因为双重边际效应的影响，集中式供应链比分散式供应链能够更好地整合供应链上下游的资源，获得更高的利润。随着联合促销活动对需求的影响增大，与集中式供应链相比，分散式供应链可能获得更高的利润。零售商更擅长通过市场上的各种促销活动来提升利润，制造商专注于设计与研发绿色的产品，来满足消费者的需求。随着联合促销活动吸引消费者购买产品的效果不断增强，集中式供应链和分散式供应链之间的利润差异会减小。

命题 7-4 比较对联合促销活动付出的努力可以发现，在大多数联合促销顺利开展的条件下，集中式供应链比分散式供应链中的零售商愿意付出更多努力。

分散式供应链中的零售商在实际的经营活动中，除了向制造商购买产品，还要支付联合促销活动的费用，制造商与零售商分开决策来实现利润最大化的目标。相比之下，集中式供应链可以集中资源投入联合促销活动，吸引更多的消费者。因此，在大多数可行的条件下，集中式供应链更愿意在联合促销上加大投入，以谋求更高的利润。特别是当制造商的批发价格相对较高，零售商面临的压力比较大时，虽然联合促销活动对吸引消费者的效果没有那么明显，但是，参加联合促销活动可以为零售商提供更多的销售机会，提升产品的曝光率及客流量，分散式供应链中的零售商愿意投入更多的努力来进行联合促销，借助促销活动来吸引更多的消费者。

7.4　数值实验

本章的研究结果中含有许多参数，很难直观地分析相关研究结果的含义。

因此，本节通过数值实验来研究双方零售价格差异的变化情况，更清晰地展示联合促销活动对供应链最优决策的影响，为相关管理者在产品定价等方面提出一些建议。本节假设 $v=30$，$\beta=2$，根据批发价格的分界点 $\dfrac{v}{\beta}$，分别取值 $\omega=10$ 和 $\omega=20$ 来进行研究。

在联合促销活动对消费者需求的影响相对较小时，分散式供应链中的零售商此时参加联合促销活动，不能很好地吸引更多的消费者，刺激消费者的购买欲望。受到双重边际效应的影响，零售商可以通过设定较高的价格来获得更高的利润。相反，零售商通过设定较低的零售价格，让消费者感受到双重的优惠，来提升产品的销量，进而增加利润。

7.5 扩展模型

7.5.1 非对称影响因子

为了进一步研究联合促销对绿色供应链的影响，扩大上述模型的适用性，本节将考虑非对称的情况。

在上述模型中，本章假设价格、联合促销活动和绿色投资对需求的影响是相同的。本节放宽了这些假设，假设 β_i、θ_i 和 α_i 是不同的。因此，在非对称情况下，参与者的利润函数如式（7-5）、式（7-6）、式（7-7）所示：

$$\pi_{m_1} = \omega\big[v - \beta_1 p_1 + \alpha_1 a_1 + \theta_1(b_1+b_2)\big] - a_1^2 \tag{7-5}$$

$$\pi_{r_1} = (p_1-\omega)\big[v - \beta_1 p_1 + \alpha_1 a_1 + \theta_1(b_1+b_2)\big] - b_1^2 \tag{7-6}$$

$$\pi_{s_2} = p_2\big[v - \beta_2 p_2 + \alpha_2 a_2 + \theta_2(b_1+b_2)\big] - a_2^2 - b_2^2 \tag{7-7}$$

为了更清晰地展示联合促销对制造商、零售商及供应链的影响，本节针对两个绿色供应链之间的价格、为促销活动付出的努力、绿色投资和利润（Δp、Δb、Δa 和 $\Delta \pi$）的变化进行数值研究。假设 $v=30$，$\beta_2=1$，$\theta_1=1$，$\theta_2=2$，$\alpha_1=0.8$，$\alpha_2=0.6$，研究联合促销的影响。

结果表明，由于双重边际效应的影响，集中式供应链的零售价格一定低于分散式供应链。此外，集中式供应链的绿色投资和为联合促销活动付出的努力主要受到批发价格，以及价格、绿色投资和联合促销活动对需求的影响。因此，在实际合作中，企业应根据实际情况权衡绿色产品的投资和对联合促销的支出，以实现利润最大化的目标。

7.5.2 考虑折扣广告价值的影响

零售商通常在不同的销售渠道上做广告。当消费者在网上购买产品时，广告的效果会大打折扣，因为他们感觉不到产品。针对这一现象，本节研究了双渠道零售商的广告策略。在本节中分别建立了线上和线下渠道中零售商价格和广告水平的程式化博弈模型。本节的贡献是为双渠道零售商如何制定价格和广告决策提供处方，并确定哪个渠道对零售商更有利。本节发现，广告折扣并不总是损害零售商的利润。当消费者进行网上购物时，广告折扣水平会导致零售商提高售价。此外，本节还得出零售商可以根据消费者的渠道偏好水平选择销售渠道。有趣的是，广告折扣水平的提高将有助于零售商利润的增长。最后，通过数值分析，本节证明了结果的鲁棒性。

（1）研究背景。

由于新冠疫情的影响，在线销售变得越来越重要。根据联合国的报告，许多国家的在线零售额显著增长，韩国的份额最高，2020年达到25.9%。随着电子商务的发展，零售商采用双渠道模式越来越普遍。双渠道运营对零售商来说越来越流行。例如，著名的快速时尚品牌优衣库在京东开设了在线零售渠道及相当数量的线下实体店，消费者可以在网上及传统的实体店购买产品。

此外，零售商实施广告策略以增加其产品的销售额，但是零售商在不同的销售渠道的广告策略是不同的。例如，在线上渠道中，零售商将在零售平台（如京东应用）上为其产品做广告。此类广告可能出现在线上销售应用程序的首页或应用程序的主页上。在线下渠道中，零售商可以在实体店或购物中心放置线下广告，以欢迎更多消费者进入其店铺。

零售商使用两种不同的广告策略，它们的效果自然也不同。线上广告的效果要差得多，一方面，被线上广告吸引的消费者在网上购物时无法知晓产品的实际质量，因为他们不能触摸和试用该产品；另一方面，被线下广告吸引的消费者可以在实体店购物时充分体验产品。因此，线下广告的效果更加明显。

鉴于在实践中观察到的上述问题，本节发现，零售商的广告在不同渠道中具有不同的影响。因此，本节认为本课题很重要，对广告的理论分析可以帮助采用双渠道模式运营的零售商提高竞争力。本节主要研究双渠道零售商在考虑广告折扣时如何做出价格和广告决策，对零售商的广告经营实践有一定的帮助，而且，本节使用了博弈论来解决本节的核心研究问题，这在运营管理中得到了广泛应用。

（2）研究发现和主要问题。

本节通过观察零售商广告策略在实践中面临的运营挑战，探讨了双渠道零售商的最优定价和广告策略。本节的主要研究问题如下：

①不同销售渠道的广告策略对双渠道零售商的盈利能力有何影响？

②对于跨不同销售渠道的双渠道零售商，广告水平和定价决策应该是什么？

③给定最佳广告水平和定价决策，哪一个对零售商、线上或线下销售渠道更有利？

为了解决上述问题，本节开发出了一个双渠道零售商的定价和广告模型，以探讨线上和线下广告的表现。本节首先建立了零售商的线上定价和广告模型，在此模型下，本节考虑了由于线上购物的不确定性而产生的广告折扣。接下来，本节开发零售商的线下定价和广告模型。通过研究两个模型，本节得出了零售商在两个销售渠道下的最优策略（价格、广告水平和利润）。为了了解零售商的渠道选择，本节比较了两种模型下的最优利润。本节有几个有趣的发现：①广告折扣并不总是损害零售商的利润；②广告折扣水平的提高将有助于零售商利润的增长；③当消费者进行网上购物时，广告折扣水平会导致零售商提高售价。

本节有几点贡献。首先，本节比较了线上和线下广告的表现；其次，本节通过使用广告折扣因子捕捉在线广告的特征，这在当前文献中几乎没有得到考虑；最后，基于广告策略，本节给出了双渠道零售商在渠道选择上的运营策略，有助于零售商获得更高的利润。本节所有的结论都是从理论分析和严格证明中得出的。结果具有实际意义。

本节的剩余内容如下：第（3）介绍了相关研究现状。第（4）提出了问题和假设，描述了模型。第（5）分析了模型，并在第（5）和第（6）中比较了不同的模型。第（7）考虑了扩展模型。为了评估结果的稳健性，第（8）进行了数值分析。第（9）总结了本节的结论和管理见解，并为未来的研究提供了建议。

（3）相关研究现状。

制造商或零售采用双渠道方法销售其产品的方法越来越常见，目前的研究分析了运营策略，包括定价策略、渠道结构等。例如，一些研究考虑了一个供应链，其中一个制造商和两个不同的零售商位于不同的销售渠道。假设这两种不同的渠道服务质量不同，两个零售商的策略将受到另一个零售商的影响。一些学者研究了战略库存对双渠道供应链定价和协调的影响，不同渠道的零售商有可能降低双重边际效应，但会损害供应链利润。一些研究考虑了双渠道供应链中的质量决策，考虑了一个案例，制造商在其线上渠道和第三方销售渠道中销售不同质量的产品（高质量和低质量）。研究结果表明，制造商最好通过自己的线上渠道销售高质量的产品。关于零售商的在线购买和店内提货策略，这是一种流行的双渠道运营模式，揭示了零售商如何成功地将全渠道零售转变为双渠道零售。在线定制是一种进口销售模式，制造商应该在线上渠道销售标准产品。基于零售商的渠道选择问题，尽管不同渠道之间存在价格竞争，但混合零售渠道策略是有价值的。

此外，渠道整合和差异化也是备受关注的重要研究问题。一些学者研究了制造商如何利用传统和线上渠道回收产品，发现了如何通过不同渠道销售大规模定制产品，双渠道始终优于单渠道。一些学者分析了在双渠道供应链上在线购物时消费者评论的影响，结果表明在网上商店提供消费者评论并不总是有益的，揭示了如何通过提供店内取货和退货策略来整合渠道。一些学者还研究了如果市场上有许多"搭便车"的消费者，如何在双渠道供应链中区分渠道，并考虑了不同销售渠道之间"牛鞭效应"的差异，线上零售商的价格折扣可以扩大"牛鞭效应"，但在某些情况下，这种"牛鞭效应"在线下渠道中可能较小。

上述研究解决了双渠道供应链的运作问题。虽然本节也研究了双渠道供应链，但与上述研究不同，本节考虑了每个渠道中的广告策略，分别分析了不同渠道的广告策略，并比较了不同渠道的表现。

供应链中的广告策略是一个重要的研究话题。一些研究发现，跨市场企业实施联合促销策略后，零售商向消费者提供优惠券，可以提升产品的零售价格及销量。然而，随着联合促销成本分摊比例的变化，制造商由于经营成本过高，可能会获得相对较少的利润。一些研究针对时装供应链中的广告投入方案进行了深入分析，发现对于奢侈品牌而言，极少或者极多的广告投入对于供应链来说都是最优的投资决策。此外，供应链中的广告策略通常与其他决策一起联合制定。例如，一些研究讨论了企业绿色投资以及广告宣传的影响，发现恰当的广告投入可以有效提升绿色投资对消费者的吸引力。一些研究发现，企业联合决策产品质量与广告投资时，战略消费者可以清晰地从企业的广告宣传中获得产品的质量信息。

上述研究分析了供应链中的广告策略，本节还提出了双渠道供应链的广告策略。然而，与当前的研究不同，本节考虑了网络广告的价值折扣，这在当前的文献中尚未研究过。

本节将广告决策纳入双渠道零售商的运营中，这是一种新颖的做法。具体来说，本节考虑了由于渠道差异而产生的广告折扣，这是关于广告决策的文献中首先考虑的。此外，本节强调了零售商在考虑广告折扣时的渠道决策，这是一个现实的建议。这样的结果不仅有助于扩充研究文献，而且有助于零售商在实践中的运营。最后，本节有几个与上述研究不同的反直觉发现，例如广告折扣并不总是损害零售商的利润。广告折扣水平的提高将在一定程度上促进零售商利润的增长。此外，广告折扣有机会引导零售商提高价格。

（4）问题和假设。

本节考虑了由一个零售商和 n 个（数量）消费者组成的供应链。零售商（品牌）在传统的线上销售渠道（如京东和淘宝等购物平台）和线下销售渠道（实体店）中以成本 c_i（$i=t$，l。其中，t 表示线上销售渠道，l 表示线下销售渠道）销售其产品。该产品的市场需求量为 D_i，消费者对产品的估值为 x。本节假设 x 均匀分布在 $0\sim1$ 之间，即 $x \sim U(0,1)$。概率密度函数为 $f(x)$，累积分布函数为 $F(x)$。

零售商为该产品做广告以提高销售量，线上和线下销售产品时的广告水平为 e_i。零售商实现这一广告水平的成本为 $C_i = ke_i^2/2$，该二次函数广泛用于运筹学，广告增加了消费者的效用。然而，由于消费者在网上购买产品时无法触摸和感觉到产品，因此广告的效果会被 β 系数降低。然后，本节可以推导出消费者在线上和线下购买时的效用。鉴于上述原因，本节探讨了零售商在线上和线下销售产品时的定价和广告策略。本节中使用的符号如表7-3所示。

表7-3 本节使用的符号

符号	含义
U_i	消费者购买产品时的效用，其中 $i=t$, l
D_i	产品需求，其中 $i=t$, l
n	消费者的数量
e_i	广告水平，其中 $i=t$, l
c_i	销售渠道的成本，其中 $i=t$, l
C_i	广告的成本，其中 $i=t$, l
k	广告的成本系数，其中 $0<k<1$
β	在线广告的折扣系数，其中 $0<\beta<1$
p_i	零售价格，其中 $i=t$, l
x	消费者对产品的估值，其中 $x \sim U(0,1)$
π_i	零售商的利润，其中 $i=t$, l
$\Delta\pi$	线上和线下渠道利润的差值

（5）模型和分析。

①线上销售模型。

在线上销售模型中，由于零售商的广告水平提高，产品的销售额增加。由于消费者在网上购买时看不到实物，因此广告对消费者的效果有一定折扣。选择线上渠道的消费者比例为 n。线上购买产品时，消费者的效用函数为 $U_t = x - p_t + \beta e_t$，其中 β 是在线广告的折扣系数。当 $U_t > 0$ 时，消费者将在线上购买产品。此时，消费者的需求如下所示：

$$D_t(p_t, e_t) = n \int_{p_t - \beta e_t}^{1} f(x)\mathrm{d}x = n(1 + \beta e_t - p_t) \tag{7-8}$$

零售商的利润函数如下所示：

$$\pi_t(p_t, e_t) = (p_t - c_t)D_t(p_t, e_t) - C_t \tag{7-9}$$

其中，$C_t = ke_t^2 / 2$，是广告的成本。

将式（7-8）代入式（7-9），我们可以得出：

$$\pi_t(p_t, e_t) = (p_t - c_t)n(1 + \beta e_t - p_t) - \frac{ke_t^2}{2} \tag{7-10}$$

$\pi_t(p_t, e_t)$ 关于 p_t 和 e_t 的海森矩阵 $\boldsymbol{H'} = \begin{vmatrix} \dfrac{\partial^2 \pi_t}{\partial p_t^2} & \dfrac{\partial^2 \pi_t}{\partial p_t \partial e_t} \\ \dfrac{\partial^2 \pi_t}{\partial e_t \partial p_t} & \dfrac{\partial^2 \pi_t}{\partial e_t^2} \end{vmatrix} = \begin{vmatrix} -2n & n\beta \\ n\beta & -k \end{vmatrix} =$

$2nk - n^2\beta^2$。其中，$2k > n\beta^2$，$\boldsymbol{H'} > 0$。因此，零售商存在最大利润。考虑 $\pi_t(p_t, e_t)$ 分别关于 p_t 和 e_t 的一阶条件，即 $\dfrac{\partial \pi_t}{\partial p_t} = 0$ 和 $\dfrac{\partial \pi_t}{\partial e_t} = 0$，通过求解这些方程，本节得出最优价格和广告水平，如下所示：

$$p_t^* = \frac{k + (k - n\beta^2)c_t}{2k - n\beta^2} \tag{7-11}$$

$$e_t^* = \frac{n\beta(1 - c_t)}{2k - n\beta^2} \tag{7-12}$$

为了确保价格 p_t^* 为正，本节考虑了最重要的情况，其中 $k > n\beta^2$。将式

（7-11）和式（7-12）代入式（7-10）中，本节得出了在线销售模型下零售商的最优利润，如下所示：

$$\pi_t^* = \frac{nk(c_t - 1)^2}{2(2k - n\beta^2)} \tag{7-13}$$

到目前为止，本节推导了线上销售模型下零售商的最优解。本节发现，广告成本系数、消费者数量、广告折扣系数和运营成本都会影响零售商的策略。本节将在后面的内容中提供进一步的分析。

②线下销售模型。

当消费者在线下购买商品时，广告效果不会大打折扣，因为他们可以亲自体验（通过触摸、尝试）商品。此时，消费者购买产品的效用函数为 $U_l = x - p_l + e_l$。当 $U_l > 0$ 时，消费者将在线下购买产品。线下销售需求如下：

$$D_l(p_l, e_l) = (1 - n)\int_{p_l - e_l}^{1} f(x)\mathrm{d}x = (1 - n)(1 + e_l - p_l) \tag{7-14}$$

然后，本节推导得出了零售商的利润函数，如下所示：

$$\pi_l(p_l, e_l) = (p_l - c_l)D_l(p_l, e_l) - C_l \tag{7-15}$$

其中，$C_l = ke_l^2 / 2$，是广告的成本。

将式（7-15）代入式（7-14），本节可以得出：

$$\pi_l = (p_l - c_l)(1 - n)(1 + e_l - p_l) - \frac{ke_l^2}{2} \tag{7-16}$$

$\pi_l(p_l, e_l)$ 关于 p_l 和 e_l 的海森矩阵为：$\boldsymbol{H}^l = \begin{vmatrix} \dfrac{\partial^2 \pi_l}{\partial p_l^2} & \dfrac{\partial^2 \pi_l}{\partial p_l \partial e_l} \\ \dfrac{\partial^2 \pi_l}{\partial r_l \partial p_l} & \dfrac{\partial^2 \pi_l}{\partial e_l^2} \end{vmatrix} = \begin{vmatrix} -2 + 2n & 1 - n \\ 1 - n & -k \end{vmatrix} =$

$(1 - n)(2k + n - 1)$。当 $2k + n > 1$，$\boldsymbol{H}^l > 0$，零售商的利润存在最大值。考虑 $\pi_l(p_l, e_l)$ 关于 p_l 和 e_l 的一阶条件，即 $\dfrac{\partial \pi_l}{\partial p_l} = 0$ 和 $\dfrac{\partial \pi_l}{\partial e_l} = 0$，通过求解这些方程，本节得出最优价格和广告水平，如下所示：

$$p_l^* = \frac{k + c_l(k + n - 1)}{2k + n - 1} \tag{7-17}$$

$$e_l^* = \frac{(c_l - 1)(n - 1)}{2k + n - 1} \tag{7-18}$$

为了确保价格 p_l^* 为正，本节考虑了最重要的情况，其中 $2k + n - 1 > 0$。将式（7-17）和式（7-18）代入式（7-16）中，本节得出了零售商在线下销售模型下的最优利润，如下所示：

$$\pi_l^* = \frac{(c_l - 1)^2 k(1 - n)}{2(2k + n - 1)} \tag{7-19}$$

到目前为止，与线上销售模型类似，本节推导了线下销售模型下零售商的最优解。

③敏感性分析。

根据线上和线下销售模型下的最优解，本节对模型的关键参数，即广告成本系数、消费者的广告折扣系数、消费者数量和运营成本进行了敏感性分析。结果如表7-4所示。

表7-4　　　　　　　线上和线下销售模型下的敏感性分析结果*

	k	β	n	c_t	c_l
$p_t^* \uparrow$	$\downarrow$	$\uparrow$	$\uparrow$	$\uparrow$	—
$e_t^* \uparrow$	$\downarrow$	$\uparrow$	$\uparrow$	$\downarrow$	—
$\pi_t^* \uparrow$	$\downarrow$	$\uparrow$	$\uparrow$	$\downarrow$	—
$p_l^* \uparrow$	$\downarrow$	—	$\downarrow$	—	$\uparrow$
$e_l^* \uparrow$	$\downarrow$	—	$\downarrow$	—	$\downarrow$
$\pi_l^* \uparrow$	$\downarrow$	—	$\downarrow$	—	$\downarrow$

注：$\downarrow$表示减少；$\uparrow$表示增加；—表示没有影响。

然后，为了提供更深入的结果，本节通过相关的数学分析得到了以下结果。

引理7-1　线上零售商的最优决策如下所示：

① p_t^* 随着 k 的减少而增加，随着 c_t、n 和 β 的增加而增加。

② e_t^* 随着 k 和 c_t 的减少而增加，随着 n 和 β 的增加而增加。

③ π_t^* 随着 k 和 c_t 的减少而增加，随着 n 和 β 的增加而增加。

引理7-1表明，当消费者进行网上购物时，广告折扣水平会导致零售商提高售价。这可能表明，当市场上消费者对广告的感知较弱时，零售商可以采取高定价策略。此外，零售商的广告水平增加了消费者对渠道的偏好，此时零售商应支付更高的广告成本以吸引更多消费者。但零售商的广告水平决策必须考虑努力成本。广告成本过高可能会损害零售商的利润，即使这会导致更多的需求。

此外，从引理7-1可以看出，广告折扣水平的提高将有助于零售商利润的增长。广告成本的增加损害了零售商的利润。较高的广告成本产生较高的广告水平，这表明零售商的广告促销等营销技术可以吸引更多消费者，并提高消费者对渠道的忠诚度。

引理7-2　线下零售商的决策如下：

① p_t^* 随着 k 和 n 的减少而增加，随着 c_t 的增加而增加。

② e_t^* 随着 k、n 和 c_t 的减少而增加。

③ π_t^* 随着 k、n 和 c_t 的减少而增加。

从引理7-2可以看出，在线下销售渠道下，零售商的定价决策受到广告水平成本单调性的影响。当零售商的渠道维护成本较高时，更高的广告水平使零售商能够执行高定价策略。在实际的双渠道供应链运营中，高渠道成本意味着零售商选择高流量、高知名度的在线销售平台，这表明消费者往往更容易接受此类在线零售平台上的高价产品。引理7-2还表明，零售商的高广告成本降低了其在线下销售渠道的广告支出。在这一点上，零售商应该更加关注渠道维护成本，并通过选择高流量、高知名度的平台来弥补其自身广告水平不高（如广告活动少）造成的损失。

从引理7-2可以看出，与线上销售渠道的研究结果类似，线下销售渠道中较高的广告成本将损害零售商的利润。然而，高广告成本可能会产生更高的广告水平，从而吸引更多消费者在线上零售平台上购物。同样，高昂的渠道维护成本损害了零售商的利润。此外，引理7-2表明，在线下销售渠道中，零售商利用互联网平台的交易效应，通过头部平台获取更高的利润。这是因为高流量、高知名度的平台本身就具有自己的广告效果，以吸引更多的消费者。

（6）零售商的渠道决策。

为了进一步说明哪个销售渠道使零售商更具活力，本节对两个渠道的销售利润率进行了比较，如下所示：

$$\Delta \pi = \pi_t^* - \pi_l^* \qquad (7-20)$$

引理7-3 当 $\beta > \widehat{\beta}$ 和 $\Delta \pi > 0$，线上渠道的销售额将高于线下渠道的销售额；当 $\beta < \widehat{\beta}$ 和 $\Delta \pi < 0$，线上渠道的销售额将低于线下渠道的销售额。

引理7-3给出了零售商的渠道选择策略。零售商可以根据消费者的渠道偏好水平选择销售渠道。如果市场上的消费者更喜欢线上销售渠道，零售商应该在淘宝或京东等线上销售平台上支付更高水平广告的费用，以创造更多需求。如果消费者更喜欢线下销售渠道，零售商应该投入更多的广告努力，以提高其广告水平和广告效果。

（7）扩展模型。

有了广告以后，线上渠道的消费者数量将增加到 $n + a_t e_t^E$，即消费者对广告敏感。此外，为了关注广告对消费者数量的影响，本节在这个扩展模型中忽略了广告成本。因此，线上零售商的需求函数为：

$$D_t^E\left(p_t^E, e_t^E\right) = \left(n + a_t e_t^E\right) \int_{p_t - \beta e_t^E}^{1} f(x) \, \mathrm{d}x \qquad (7-21)$$

线上渠道零售商的利润函数如下所示：

$$\pi_t^E\left(p_t^E, e_t^E\right) = \left(p_t^E - c_t\right) D_t^E\left(p_t^E, e_t^E\right) \qquad (7-22)$$

接下来，本节推导了线上零售商的最优价格和广告水平，如下所示（扩展模型中的求解过程类似于基本模型，因此本节在此省略它们）：

$$p_t^E = \frac{a + 2ac - n\beta}{3a} \tag{7-23}$$

$$e_t^E = \frac{a + ac - 2n\beta}{3a\beta} \tag{7-24}$$

$$\pi_t^E = \frac{\left[a(-1+c) + n\beta\right]^3}{27a^2\beta} \tag{7-25}$$

对于线下零售商，消费者数量也将增加到 $1 - n + a_l e_l^E$。因此，离线零售商的需求函数为：

$$D_l\left(p_l^E, e_l^E\right) = \left(1 - n + a_l e_l^E\right) \int_{p_l - e_l^E}^{1} f(x)\mathrm{d}x \tag{7-26}$$

线下零售商的利润函数为：

$$\pi_l^E = (p_l - c_l) D_l(p_l, e_l) \tag{7-27}$$

本节推导了线下零售商的最优价格和广告水平（扩展模型中的求解过程与基本模型类似，因此本节在这里省略它们）。本节推导了上述线上和线下零售商的最优解。为了了解广告效果，本节比较了零售商的最佳利润，如下所示：

$$\Delta\pi^E = \pi_t^l - \pi_l^E \tag{7-28}$$

引理7-4　当 $\beta > \widehat{\beta_1}$，$\Delta\pi^E > 0$，线上销售渠道比线下销售渠道表现要更好；当 $\beta < \widehat{\beta_1}$ 和 $\Delta\pi^E < 0$，线上销售渠道没有线下销售渠道表现得好。

引理7-4提供了与引理7-3类似的结果，引理7-3通过比较最优利润来显示零售商的渠道选择方法。因此，引理7-4证实了从基本模型得出的结果的稳健性。即使考虑到广告对消费者数量的影响，也没有一个渠道具有绝对优势。零售商需要根据不同的消费者偏好调整其渠道策略。

（8）数值分析。

为了进一步说明零售商的广告水平成本和广告折扣偏好等因素对零售商最优利润的影响，本节对上一节中获得的命题进行了数值分析。参数设置如下：$n=0.1$，$k \in [0.1, 0.9]$，$\beta \in [0.1, 0.9]$，$c_i \in [10, 90]$。

在考虑不同消费者渠道偏好时，根据线上销售渠道下零售商的最佳利润如何随广告成本水平而变化，可以得出广告成本水平的增加会降低零售商的利润，这与引理7-1一致。此外，如果消费者对传统渠道的偏好更大，零售商利润的广告水平成本更高。因此，如果消费者对销售渠道忠诚，零售商可以为广告水平支付更多费用。

根据线上销售渠道下广告折扣水平对零售商利润的影响，广告折扣水平越高，利润越高。此外，根据零售商利润对广告成本水平的敏感性，较低的广告成本（$k=0.1$）对零售商的利润有更显著的影响。

线下销售渠道广告水平成本的增加使零售商的盈利能力降低，较低的渠道维护成本（$c=90$）为零售商带来了更多的利润，这表明零售商可以通过出色的广告水平获得更高的利润。通过比较不同渠道维护成本对利润的影响，可以看出零售商的利润对高渠道维护成本的变化更为敏感。

渠道的维护成本如何随线下销售渠道的利润而变化，与引理7-2一致，渠道成本损害了零售商的利润。此外，零售商的利润对低广告水平下的成本变化更为敏感。在较低的渠道维护成本下，零售商不必支付较高的广告费用。

（9）结论。

线下零售商通过互动和即时反馈吸引了更多的消费者，这些反馈更符合消费者的个人需求。线上销售方式也给供应链带来了新的渠道冲突。考虑到双渠道供应链实际运营和管理中存在的这些问题，本节探讨了供应链中线上和线下销售渠道之间的广告冲突以及零售商的定价和广告水平决策。

本节首先建立了一个考虑广告折扣因素的线上销售渠道利润模型，推导了该模型下零售商的最优定价决策、广告水平决策和最优利润。结果表明，广告折扣可以使零售商提高零售价格和利润，刺激零售商为广告水平支付更多费用，但为广告水平支付更多费用也会损害零售商的利润。

随后，本节建立了线下销售渠道的利润模型，该模型考虑了渠道维护成本，得出了该渠道下零售商的最优定价决策、广告水平决策和最优利润。结果表明，该渠道的广告水平成本对零售商的定价决策具有单调影响，并损害零售商的利润和广告水平。此外，研究还发现，渠道维护成本也会降低零售商支付广告费用的意愿，反过来会损害零售商的利润，这让人感到意外。

最后，本节得到了考虑广告折扣水平的零售商渠道选择策略。在实际的供应链运营管理中，拥有特定的销售渠道并不总是最优的。本节的研究结果为零售商开拓新的销售渠道提供了决策参考。

7.5.3 低碳经济下供应链定价决策及协调机制研究

（1）研究背景。

随着气候变化的加剧，各国政府采取了诸如征收碳排放税、碳排放配额交易等政策手段来限制和减少碳排放量。这些政策手段提高了企业的成本，因此企业需要通过调整供应链定价决策和协调机制来降低碳排放并控制成本。低碳经济已成为全球政策趋势之一，碳排放是全球经济可持续发展的重要问题。因此，研究供应链定价决策和协调机制至关重要。在这种情况下，制造商和零售商之间的利益协调至关重要。制造商需要在市场上保持竞争力的同时降低碳排放，而零售商则需要考虑市场和客户需求，以及低碳经济对他们的商业模式的影响。

本节构建了一个二级供应链，由制造商和零售商组成，以供应链系统总利润为目标函数。低碳努力被引入，供应链利润是因变量；自变量包括供应商给零售商的批发价格、低碳努力和零售商决定的市场价格。本节的目标是优化供应链中企业的经济效益和环境效益之间的平衡。具体来说，该研究旨在提高供应链中企业的经济效益，因为在低碳经济中，企业必须考虑环境成本，例如碳排放费用。因此，该研究旨在制定一种既能够保证企业获得合理的经济利润，又能够降低碳排放和环境污染的定价策略。在低碳经济中，减少碳排放和环境污染是研究的主要目标之一。通过研究供应链定价决策和协调机制，可以建立一个公平、合理、高效的供应链协作模式，提高供应链中企业之间的协调性和合作性，使整个供应链更加稳定和可持续，从而实现环境效益的最大化。

（2）研究意义。

通过使用前人的研究成果和模型框架，本节建立了数学模型，并从中得到了一些启示。

从理论角度来看，本节为其他企业制定低碳战略提供了一种以环保为导向的供应链管理理论。该理论鼓励供应链管理创新和发展，优化供应链流程和成本结构，提高供应链的灵活性，从而实现可持续发展的目标。

从现实意义上来讲，本研究将帮助供应链管理者和企业在经济效益和环境效益之间进行平衡，从而实现经济可持续发展。通过建立低碳供应链管理体系，企业可以更好地应对环境压力，并通过采用低碳技术和管理手段降低能源消耗和碳排放，从而减少对环境的影响。

（3）模型描述与假设。

本研究涉及绿色供应链，该供应链由单一零售商和制造商组成。制造商生产绿色产品，然后将这些产品批发给零售商，最后由零售商向消费者销售。为便于模型的求解分析，建立基本假设如下。

假设7-1 在分散决策模式与协调契约情况下，制造商均是绿色供应链的主导者，零售商则作为追随者。

假设7-2 在绿色供应链中，零售商和制造商都以利润最大化为目标，并均为风险中性偏好者。

假设7-3 为了提高产品碳排放水平，制造商企业必须投入更多的资金来降低碳排放水平。低碳努力的成本 G_m 与制造商碳排放水平 g^2 成正比，即：

$$G_m = \frac{1}{2} g^2 \tag{7-29}$$

假设7-4 在二级绿色供应链中，市场需求函数是由销售价格 p_t 和制造商低碳努力的线性函数组成的。当销售价格增加时，市场需求 D 降低；当低碳努力程度增加时，市场需求 D 增加。因此，市场需求 $D(p_t, g)$ 被定义为：

$$D(p_t, g) = a - bp_t + kg \qquad (7-30)$$

式（7-30）中，D 为市场需求量，a 为潜在的总市场份额，b 为市场需求对销售价格的价格弹性系数，k 表示消费者对低碳努力程度的敏感系数，g 表示制造商的低碳努力程度，其中，$b>0$、$k>0$。

零售商、制造商和供应链的总利润分别为：

$$\pi_m = (p_m - c)(a - bp_t + kg) - \frac{1}{2}g^2 \qquad (7-31)$$

$$\pi_r = (p_t - p_m)(a - bp_t + kg) \qquad (7-32)$$

$$\pi_s = (p_t - c)(a - bp_t + kg) - \frac{1}{2}g^2 \qquad (7-33)$$

式（7-31）中，π_m 作为制造商的利润，π_r 作为零售商的利润，π_s 作为供应链的总利润，p_m 是制造商对零售商的批发价格，p_t 是零售商对顾客的零售价格，c 为制造商生产产品的单位成本。

（4）集中式供应链决策分析。

在集中决策模式下，为了实现绿色供应链的整体利润最大化，制造商和零售商共同决定商品的价格以及低碳努力程度。因此，绿色供应链的最佳决策模型与整个供应链的利润函数相同，即式（7-33）。

对式（7-33）分别求 π_s 关于 p_t 和 g 的一阶、二阶偏导：

$$\frac{\partial \pi_s}{\partial p_t} = a + kg - 2bp_t + bc \qquad (7-34)$$

$$\frac{\partial^2 \pi_s}{\partial^2 p_t} = -2b \qquad (7-35)$$

$$\frac{\partial \pi_s}{\partial g} = -g - kc + kp_t \qquad (7-36)$$

$$\frac{\partial^2 \pi_s}{\partial^2 g} = -1 \qquad (7-37)$$

可得 π_s 的二阶海塞矩阵：

$$\boldsymbol{M} = \begin{bmatrix} -2b & k \\ k & -1 \end{bmatrix} \qquad (7-38)$$

该海塞矩阵一阶主子式为 $-2b$，仅当其二阶主子式大于 0 时，矩阵为负定，π_S 才为严格意义上的凹函数，即此时 π_S 存在关于 p_t 与 g 的最优解。

可得满足 π_S 存在最优值时的海塞矩阵二阶主子式大于 0 的条件为 $2b - k^2 > 0$，记为条件1。

令其偏导数 $\dfrac{\partial \pi_s}{\partial p_t} = 0$，$\dfrac{\partial \pi_s}{\partial g} = 0$，得到均衡解 p_t^*，g^*：

$$p_t^* = \frac{-ck^2 + a + bc}{-k^2 + 2b} \tag{7-39}$$

$$g^* = \frac{k(a - bc)}{-k^2 + 2b} \tag{7-40}$$

当供应链的决策变量设置为 p_t^*，g^* 时，供应链利润将达到最优：

$$\pi_s^* = \frac{(a - bc)^2}{2(-k^2 + 2b)} \tag{7-41}$$

（5）分散式供应链决策分析。

在分散决策模式中，零售商和制造商各自负责制定决策，目的是各自利润最大化。在本节的分散决策模型中，制造商与零售商展开斯坦克尔伯格博弈。这意味着制造商是双方博弈的主导者。假设制造商承担所有低碳成本，他们首先决定低碳努力以及产品的批发价格；其次，零售商根据制造商的决定制定产品的零售价。

利用逆向归纳法求解，首先求解出零售商决策的零售价。

零售商利润函数同式（7-32），求解零售价格 p_t 的一阶条件：

$$\frac{\partial \pi_r}{\partial p_t} = a + kg - 2bp_t + bp_m \tag{7-42}$$

（6）两种供应链决策模式对比。

两种供应链决策模式下的供应链总利润、各成员利润以及均衡决策如表7-5所示。

表7-5	供应链利润、均衡决策对比	
	集中式供应链决策	分散式供应链决策
p_t^* / p_{t1}^*	$\dfrac{-ck^2 + a + bc}{-k^2 + 2b}$	$\dfrac{-ck^2 + 3a + bc}{4b - k^2}$
g^* / g_1^*	$\dfrac{k(a - bc)}{-k^2 + 2b}$	$\dfrac{k(a - bc)}{4b - k^2}$
p_{m1}^*	—	$\dfrac{-ck^2 + 2a + 2bc}{4b - k^2}$
π_m^*	—	$\dfrac{(a - bc)^2}{2(4b - k^2)}$
π_r^*	—	$\dfrac{b(a - bc)^2}{(4b - k^2)^2}$
π_s^* / π_{s1}^*	$\dfrac{(a - bc)^2}{2(-k^2 + 2b)}$	$\dfrac{(6b - k^2)(a - bc)^2}{2(4b - k^2)^2}$

分析表7-5结果，可得下述命题。

命题7-5　相比于集中式供应链决策模式，分散式供应链决策模式下的低碳努力程度更低。

这表明，分散式供应链决策模式所作出的决策要劣于集中式供应链决策模式。分散式供应链决策模式下，虽然制造商企业通过降低低碳投入成本的方式实现自身利益最大化，但未能做出满足供应链整体利益最优的决策。为了提高供应链的整体利润，制造商和供应链应该合作并共同决策。这是因为在分散式供应链决策模式中，每个供应链成员为了实现自己的利益最大化而可能对供应链其他成员的利润造成影响，从而导致分散式供应链决策模式的整体利润低于集中式供应链决策模式。

命题7-6 分散式决策模式下，制造商的利润高于零售商。

在分散决策模式中，处于供应链决策主导地位的供应商能够在供应链博弈中获得更高利润。因此，所有供应链成员都应该积极把握供应链决策的主动权，以便在利润博弈中获得更大的优势。当消费者对低碳环境有偏好时，他们会更倾向于购买低碳商品，这激发了消费者的购买欲望。因此，两种决策模式的供应链利润都会增加，因为商品销量增加了。

（7）数值模拟。

通过模型仿真验证命题。参考相关文献和实际情况，给模型中各参数赋值：$a=200$，$b=6$，$c=10$，$k=1$。分析两种决策模式下的供应链利润和均衡解，结果如表7-6所示。

表7-6　　　　　　　　　　　　仿真数值表

	p_t^* / p_{t1}^*	g^* / g_1^*	π_m^*	π_r^*	π_s^* / π_{s1}^*
集中	22.7273	12.7273	—	—	890.9091
分散	28.2609	6.0870	426.0870	222.3062	648.3932

表7-6显示，集中式供应链决策模式的总利润和低碳努力程度高于分散式供应链决策模式的总利润和低碳努力程度；在分散式供应链决策模式中，制造商的总利润高于零售商的总利润。

为了进一步研究供应链利润与低碳努力程度敏感系数之间的正向关系，控制在特定区间段内的变化，绘制出供应链总利润与各成员利润与低碳努力程度敏感系数之间的变化趋势。如图7-2、图7-3所示。

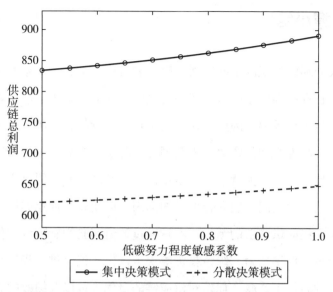

图7-2 两种决策模式下供应链总利润与低碳努力程度敏感系数变化趋势

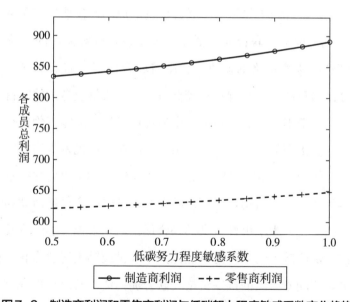

图7-3 制造商利润和零售商利润与低碳努力程度敏感系数变化趋势

7.6 本章小结

随着人们环保意识的不断增强，政府和机构都加大了对企业绿色投资的支持力度。在保证高效生产绿色产品的同时，如何吸引更多消费者来购买绿色产品变得越来越重要。因此，在不同市场上经营的企业越来越多地寻求联合促销，集中品牌之间的资源，来共同推广各自的产品，并寻求绿色供应链的可持续发展。在这一大背景下，本章探讨了驱动具有不同供应链渠道结构的异业合作的企业之间开展联合促销的动因，以及联合促销如何影响参与者的最优决策和相应供应链的绩效。本章通过数值实验为管理者如何合理地做出最优的定价、促销努力、绿色投资等决策提出建议，进一步研究了在非对称影响系数的条件下，联合促销对供应链的最优决策以及绩效的影响，助力循环经济的高质量发展。

本章的主要研究结果如下。①联合促销的成功不仅取决于制造商的批发价格，还取决于价格、联合促销活动以及绿色投资对需求的影响。②两个绿色供应链产品零售价格的差值，会随着联合促销对需求影响的变化而变化。当联合促销对需求的影响相对较低时，分散式供应链中的零售商倾向于设定较高的价格来提升利润。相反，则通过设定较低的零售价格来吸引更多的消费者，寻求更多的发展机会。③由于上游制造商批发价格的影响，在大部分满足联合促销可行的条件时，分散式供应链中的零售商往往不愿意比集中式供应链为联合促销活动付出更多的努力。随着联合促销活动和绿色投资对需求影响的变化，为了更好地借助联合促销活动来提升客流量及产品的曝光率，分散式供应链中的零售商可能比集中式供应链更愿意为联合促销付出更多的努力。④随着产品的批发价格、联合促销活动及绿色投资对需求影响的变化，管理者会不断地调整对于绿色产品投资的策略来控制成本。另外，由于双重边际效应的影响，集中式供应链的盈利能力往往要高于分散式供应链。

8 总结与展望

8.1 研究总结

数字经济近年来高速发展，越来越多的企业通过联合促销来提升企业自身的核心竞争力，寻求更多的发展机会已经成为企业的一项重要营销手段。处在不同市场上的企业逐渐意识到联合促销的优势，企业之间通过异业合作，共同促销各自的产品和服务的现象也逐渐涌现。在不同的合作背景下，联合促销将呈现出不同的特点和实际问题。因此，本书构建了考虑不同现实问题的数学规划模型，研究了异业合作供应链的运营决策，促进供应链的可持续发展，研究框架如图8-1所示，主要研究结论如下。

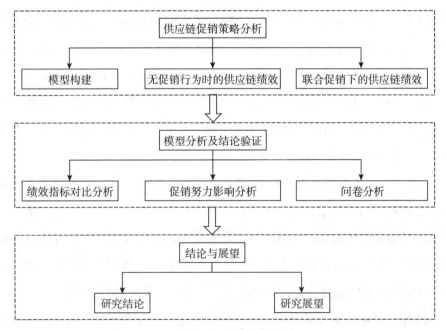

图8-1 研究框架

（1）考虑购物中心是否向消费者提供优惠券，来共同参与零售商之间的联合促销活动，异业合作的零售商在什么情况下更愿意接受购物中心提供的优惠券。经研究发现，横向联合促销（HJP）的成功与否取决于优惠券的面额和优惠券对消费者需求的影响、联合促销活动对消费者需求的影响、零售价格以及优惠券兑换率等因素的影响。

在C-HJP（购物中心提供优惠券）情况下，源市场中的零售商1与目标市场中的零售商2相比，零售价格较高，更愿意为HJP付出更多的努力，但顾客对其产品的需求和零售商的利润不如目标市场中的零售商2。当优惠券对消费者需求的影响相对较大时，两个零售商在C-HJP下的情况都比N-HJP（购物中心不提供优惠券）时要好，它们的利润也比较高。当优惠券对消费者需求的影响相对较小时，两个零售商都会减少对HJP的投资，在C-HJP下，联合促销不一定是两个零售商更好的选择。具体来说，对于源市场中的零售商1来说，价格和需求的同时上升会给零售商带来更高的利润。如果其中一个变量下降，则一个变量上升所带来的收益不能抵消另一个变量下降所带来的不利影响，因此零售商获得的利润将低于N-HJP下的情况。对于目标市场中的零售商2来说，价格和需求同时下降会降低零售商的利润。虽然价格和需求可能同时上升，但由于优惠券和价格等其他因素对提升消费者需求的影响有限，零售商2此时获得的利润可能低于N-HJP下的情况。对于购物中心来说，在不同的条件下，提供最合适的优惠券是HJP成功的关键。恰当面额的优惠券不仅吸引了更多的顾客来到商场，为购物中心带来了更多的销售机会，而且提高了异业合作零售商追求HJP的积极性。

（2）考虑3D打印产品生产成本及消费者引流时，联合促销模式下异业合作生产商的运营决策。经研究发现，在联合促销模式下，当联合促销活动对需求的影响高于独立促销活动对需求的影响时，企业更愿意投入更多的精力开展联合促销活动，以便更好地推广3D打印产品，吸引更多的消费者。相反，企业更愿意通过独立促销活动来推广产品，寻求更多的销售机会。

此外，当企业实施联合促销时，异业合作的企业会因为在联合促销活动和独立促销活动上投入更多的精力，而吸引更多的消费者浏览商品。因此，企业能够为其相应的供应链吸引更多的客户，有利于增强企业的竞争力，同时促进供应链的可持续发展。同样地，当企业减少对联合促销活动和独立促销活动的投入时，消费者对产品的需求也会下降。此外，当3D打印产品的单位生产成本相对较高时，由于联合促销活动对消费者需求的影响发生变化，联合促销对异业合作的企业来说未必是一个好的选择。如果联合促销活动可以相对较好地吸引消费者的关注，则企业将加大对联合促销活动的投入，从而会增加运营成本，使企业的盈利能力低于独立促销时的情况。相反，当3D打印产品的单位生产成本相对较低时，企业在联合促销活动中也可以更好地推广它们的产品，那么企业在联合促销模式下可以获得更高的利润。

（3）考虑服务水平及消费者引流时，联合促销模式下异业合作在线平台的运营决策。经研究发现，异业合作的在线平台是否能够顺利实施联合促销，主要取决于价格和服务水平对需求的影响。价格可以作为服务水平的信号，消费者可以根据支付的价格来了解服务水平的高低。更高的价格和服务水平不仅增加了在线平台的利润，还增加了消费者对产品的需求，进一步促进了平台服务供应链的可持续发展，并为平台的供应商提供了更多的销售机会。

在联合促销模式下，如果在线平台拥有相对较大的消费者群体，那么与合作伙伴比起来，它具有消费者流量的优势，因此它不愿意为联合促销活动付出更多的努力。当在线平台的基础消费者群体相对较小，联合促销活动对需求的影响较小时，将减少对联合促销活动的支出，以节省成本。相反，为了增加消费者的数量，在线平台愿意为联合促销付出更多的努力。另外，在线平台能否获得更高的利润，主要取决于促销活动对需求的影响。当独立促销活动对需求的影响相对较小时，在线平台更愿意参与联合促销，这也为产品促销提供了新的手段。更高的价格和服务水平有助于在线平台获得更高的利润，吸引更多的消费者，有利于供应链的可持续发展。此外，当独立促销对需求的影响相对较大时，由于联合促销活动对需求影响的变化，联合促销对在线平台及其供应链来说不一定是最好的选择，价格和服务水平的变化可能会增加或减少在线平台的利润。虽然需求量下降可能会增加在线平台的利润，但客户数量的减少，对于在线平台以及供应链的长远发展来说不一定是一个好的选择。

（4）考虑在线平台开展联合促销时面对的另一个重要的问题，在市场上面临替代品的竞争时，如何选择恰当的合作伙伴来开展联合促销活动。经研究发现，当在线平台单独与异业的在线平台开展合作时，其竞争对手会降低产品的价格来提高竞争力，以吸引更多的消费者，并在独立促销活动对需求影响较小的情况下寻求更多的发展机会。

另外，当竞争对手开展独立促销活动对需求的影响相对较大，同时异业合作的在线平台开展联合促销对需求的影响较小时，其竞争对手会设定较高的零售价格来追求更高的利润。随着联合促销活动对需求的影响不断地增强，其竞争对手会相应地调整定价策略，通过降价来吸引更多的消费者。当在线平台的竞争对手开展独立促销活动对需求的影响较小，同时在线平台和异业的平台合作开展联合促销活动吸引消费者的效果也不明显时，它们都不太愿意为了联合促销活动付出更多的努力。相反，当联合促销对消费者的需求影响相对较大时，两个在线平台都愿意加大对联合促销的投入，大力推广各自的产品。此外，当独立促销活动对需求的影响相对较大，同时联合促销对需求的影响较小时，异业合作的在线平台会充分地利用联合促销的机会，加大对联合促销的投入来吸引更多的消费者。当联合促销活动对需求的影响足够大时，在线平台和异业的在线平台之间开展合作会使在线平台比它的合作伙伴获得更高的利润。与其竞争对手相比，它们的利润差值主要取决于联合促销活动、独立促销活动和价格对增加消费者需求的影响。当联合促销活动、独立促销活动以及价格对需求的影响发生变化时，在线平台的最佳合作形式主要取决于哪种合作方式可以产生较高的利润，同时促进供应链的可持续发展。

（5）考虑不同渠道结构的联合促销模式下异业合作供应链运营决策。经研究发现，当联合促销活动对需求的影响相对较小时，由于批发价格以及双重边际效应的影响，分散式供应链中零售商的零售价格要高于集中式供应链的零售价格，零售商希望通过设定较高的零售价格赚取更多的利润。相反，分散式供应链中的零售商希望通过设定较低的零售价格，来增强竞争力并吸引更多的消费者。

另外，由于渠道结构的影响，分散式供应链中的零售商需要承担向制造商购买产品时的批发成本，增加了零售商的运营成本，而集中式供应链的管理者可以有效地集中资源来开展联合促销活动。因此，集中式供应链对联合促销的支出要普遍高于分散式供应链。但是，随着绿色投资以及联合促销活动对需求影响的变化，也可能出现相反的情况。此外，随着联合促销活动对需求的影响逐渐增大，集中式供应链普遍比分散式供应链获得更高的利润。这主要是因为集中式供应链可以更合理地分配资源，权衡绿色投资、促销支出等，开展一系列的活动来推动供应链的可持续发展。

8.2 研究展望

由于联合促销策略实施的形式十分多样，还有很多有趣的问题亟待解决，未来可以考虑的研究方向如下。

（1）考虑消费者行为的联合促销策略研究。

随着时代的发展，各种新兴技术与产业应运而生，大量商家涌入市场，企业间的竞争愈发激烈。在这种环境下，每家企业的利润空间不断收缩。为了增强产品竞争力，各企业开始进行联合促销。随着这种策略的盛行，国内外学者展开了对联合促销的研究，诞生了大量的研究成果。但为了方便模型的建立，研究忽略了地区经济发展差异、消费者个体差异等现实因素，因而模型所得结论在某些情况下并不适用，甚至背道而驰。在此基础上，未来应结合数学模型的理论共性和问卷调查的现实特征，运用问卷调研结果验证与补充模型所得结论，使结论更加贴合实际。只有适度的促销努力投入水平才会带来利润的增加，不恰当的投入只会降低供应链的利润。同时，不同地区消费者的观念会影响促销的效果，商家需要及时收集顾客的反馈，做出有针对性的促销决策。

考虑多个企业进行合作时企业向消费者发放优惠券的不同形式对参与者最优策略的影响，探讨优惠券是由制造商分发、零售商分发还是两者同时分发，结合双向期权合约，探讨联合促销对参与者最优决策的影响。由于企业开展联合促销的目的是吸引更多的消费者来购买它们的产品或者服务，消费者在购买产品之后也可能会在二级市场进行交易或者易货。消费者的过度自信、有限理性、乐观/悲观、品牌忠诚等行为也会对企业的运作和决策产生重要的影响，考虑战略消费者以及易货等新兴的销售模式与联合促销相结合，也是很有意义的研究话题。

信息技术的发展与人们需求的转变为许多行业开辟了新的赛道，也冲击了很多行业的传统促销手段。当今时代，越来越多的商家涌入市场，他们为市场带来了各种各样的产品，这也导致每种产品通常不会有太长的生命周期。数不清的企业、不同的销售渠道都占据了或多或少的市场份额，影响着每家企业的利润。无论是处于供应链上的企业还是作为独立个体而存在的企业，都要采取措施吸引消费者，开辟市场，扩大需求，进而使企业获得更大的利润。而关于如何提升商品竞争力，吸引消费者的问题，很多领域的专家学者与从业者都投入了大量的精力去研究，也取得了很多具有重大指导意义的成果。在诸多方法中，促销无疑是最简单，也是最行之有效的办法。然而，单独一家企业的力量与资源毕竟有限，独自承担全部的促销成本可能会导致促销效果不显著，企业无法获得更高的利润。因此，在这种情况下开展联合促销应运而生。

为了更好地说明联合促销对供应链绩效的影响，本书初步通过问卷发放的形式展开了实地研究，对联合促销对供应链绩效的影响做了初步的探讨。结合绩效指标对比分析、促销努力影响分析的结论设计了相关题目，并且为了使问卷结果更贴近现实，能够反映出模型未涉及的地理、人文差异，问卷分三个部分进行调研。问卷第一部分调研了消费者所在的经济区域、所处年龄段、从事何种职业等个体因素；第二部分从哪类产品的促销活动更能引起消费者的关注开始，调研了此类商品每月的促销频次，消费者对该商品促销活动的打分及其原因、消费者喜欢的促销方式等促销活动满意度的问题；第三部分调研了消费者对所经历的促销活动的感知以及对促销的认识等问题，具体见本书附录。由于问卷是为了调查我国四大经济区域消费者对促销的认识和对身边促销活动的实际感知，调研对象要尽可能涵盖四大经济区域，故选取采用电子版问卷的形式向处于不同经济区域的人群分发。调研共收集问卷314份，其中，东北地区15份，东部地区167份，中部地区70份，西部地区62份。

本书分析运用数学过程处理后的问卷结果，得出相应的结论，进一步探讨联合促销的影响。

从表8-1可以看出，超过半数的受访者都认为促销可以增加商家收入，且不论所处地区的经济发展如何，促销都对激发消费者购买意愿存在正向作用。结合前面章节的数学模型和其相关结论，可以得知，当零售商和供应商付出合适的促销努力时，促销确实会带来利润的正向增长。但从本书可以看出，并不是投入促销努力就会带来利润的增长，前期促销不足以引起消费者关注时，随着促销努力的投入增多，利润是越来越低的，只有当促销努力水平达到一定值时，促销才会吸引消费者的关注，激起消费者购买更多的购物意愿，从而为商家带来更多的收益。然而，受访人群中仍存在将近50%的受访者并不认为促销会为商家带来更多的利润，并且在他们实际的购物过程中也未见到促销对某些商品带来了更多的销量。这也符合绩效指标对比分析中本书得出的结论，从有无促销情况下利润表达式的差值可知，当由促销引起销量增加部分的收益大于投入促销所花费的成本时，促销活动才会为供应链带来更多的收入。因为随着促销努力水平的提高，与之相匹配的成本费用会越来越高，利润增加的幅度会越来越小，甚至会出现促销力度越大，利润越低的情况。此时的促销投入就是不恰当的，这种无意义的促销会为供应链带来很大的损失。

表8-1　　　　　　　促销是否会对消费者的购买行为产生影响

研究内容	是/否	东北地区	东部地区	中部地区	西部地区
消费者对促销是否增加商家收入的认知	是	10	100	40	40
	否	5	67	30	22
促销对增加购买意愿的影响	是	7	113	49	46
	否	8	54	21	16
促销对商品销量的实际影响	是	8	109	45	41
	否	7	58	25	21

表8-1中仍存在一些本书不容忽视的问题，即在所有受访者中，将近50%的人并未被促销活动激起购买欲望。按照之前章节得出的结果，在促销前期确实存在促销力度不足以吸引消费者的情况，不过随着促销力度的加大，消费者的购买欲望应该是会被带动起来的，但这些受访者却从未被商品的促销活动所打动，并没有因为促销而产生购物的冲动。这个现象是模型未顾及的，调研问卷的其他问题或许可以解释上述分析中的部分内容。

从图8-2可以看出，超过50%的受访者都会对进行促销的产品产生怀疑，他们会认为产品进行促销一定是存在诸如某些质量不合格、销量不佳、临近保质期等不利因素，商家才不得不将促销这些产品，以期迅速售出，以免发生滞销。除此之外，消费者不认可促销中的产品，或许和人们存在"买贵不买贱""越贵的商品越好"等观念相关，这种根深蒂固的思想会在一定程度上影响消费者的购买意愿，使得消费者一见到处于促销中的产品，就会为其贴上质量不好、销路不佳的标签，这种观念极大地影响了消费者的购买决策，打击了消费者的购买积极性。

对于促销未能激发消费者购买欲望的问题，或许还可以从图8-3中找出一些原因。处于四大经济区域的消费者都更喜欢赠送礼品的促销形式，其次便是会员积分这种回馈形式多元化的促销手段。未被激发购买意愿的群体可能是因为没有碰到自己喜欢的促销方式，认为这种促销不会给自己带来太多的收益，便对促销没有太大的兴趣。直面消费者的零售商应多进行客户调研，

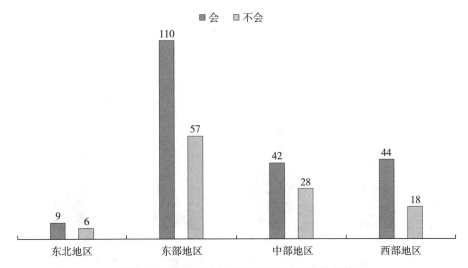

图8-2 促销是否会对消费者的信任产生影响

通过顾客的年龄段、从事职业等个体差异化因素来判断不同类型的消费者喜欢怎样的促销手段，找准切入点，精准发力，因人而异地进行商品促销。从图8-3中还可以看出，区域经济发展的差异会对消费者群体产生一定的影响，西部地区的消费者喜欢买一送一这种促销方式的比例是四大区域中最高的，这在一定程度上体现了消费者对物资的需求，也呼应了西部地区物资相对匮乏、经济发展较沿海地区有一定差异的社会现实。处于经济相对落后地区的消费者更愿意得到实物的优惠，对于他们来说，实物要比会员积分等手段划算。供应链企业应根据不同地区的经济发展情况、消费者的观念和能力来确定促销策略，实施精准战略布局，因地制宜地开展促销活动。

在对比分析所得结论之后，问卷还针对消费者关注的产品类型、消费者对产品促销活动的满意度及原因做了调研，补充联合促销模型所得结论，期望能够使供应链企业有针对性地运用模型所得结论，达到预期的促销效果。

从图8-4可以看出，大家对娱乐文化服务、耐用消费品支出等享受品类商品的促销敏感度较高，这也符合经济学规律和马斯洛需求层次理论。此类商品并不是生活必需品，这种关乎生存问题的商品一旦价格发生了调整，消费者会立即意识到这种变化，具体可以参考黄金饰品价格的变化。在金价下

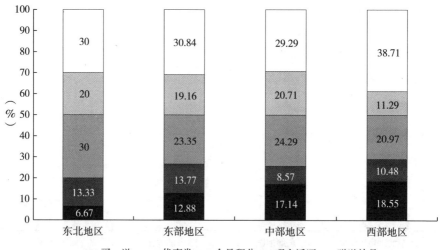

图8-3 消费者喜欢的促销方式

调的时间段，大量消费者涌入首饰店，争相购买黄金饰品；但当金价上调时，购买黄金饰品的人数就会骤然下降。吃、穿、住等基本生活品类商品是为了满足人们最基本的生存需求，促销与否都不太会影响其销量，反倒是促销会让消费者对商品产生怀疑。

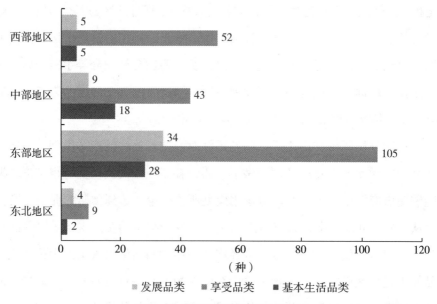

图8-4 消费者关注的产品类型

图8-5统计了不同地区消费者所关注的产品每月的促销频次，由图可知，商家广泛采用的是每个月进行3~4次产品促销，这种促销方式的时间间隔比较合理，不会让消费者产生抵触情绪，也得到了消费者的认可。但仍然可以看到，每个地区都存在着促销频次太少或过于频繁的问题，不恰当的促销频次会影响消费者的购买积极性，并且会让消费者对此类商品产生怀疑，不仅影响联合促销的效果，还会影响到此类商品未来的销售前景，因此促销频次是非常重要的影响因素。

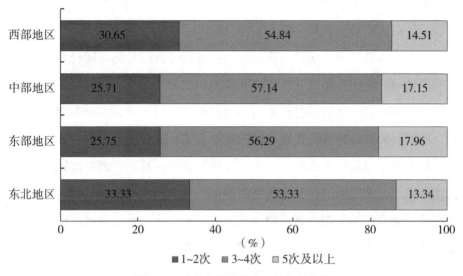

图8-5 消费者关注的产品的促销频次

很可能受访者经历的是基于基本生活品类商品的促销活动或者是频次不恰当的促销活动，这次促销活动不仅没有激起受访者的购买意愿，反倒使受访者对产品质量、可靠性方面产生了怀疑。从图8-4可以看出，东部沿海城市的消费者对教育、交通通信等发展品类商品的关注度高于其他地区，这也体现了区域经济发展的差异，东部沿海城市经济发展条件相较于其他三个地区有明显优势，受访者的收入较高，消费观念与其他地区消费者群体也有所不同。他们会更愿意在发展品类的商品上进行投资，对于提高生活品质也有较高的期望。而经济发展相对落后的地方，消费者可能不那么关注发展品类的商品，而更关注基本生活品类的商品。图8-5启示商家要认真考虑商品的促销频次，根据消费者对商品的喜好程度，有针对性地安排促销，合理利用促销的时间间隔，达到理想的促销效果。供应链企业在开展联合促销时，应关注此地区消费者的消费观念，综合考虑经济发展情况、人们的消费水平和消费观念等现实问题，因地制宜地开展促销活动，使得促销符合消费者的购买预期，促进消费，提高供应链的收入水平。

通过调查可知，消费者对所经历的促销活动有着比较高的满意度，打分基本集中在6分以上的区间。不过并不是所有的受访者都对所经历的促销活动有着比较高的满意度，1/4的受访者给出了4~5分，甚至有受访者给出了1~3分。虽然给出低分的受访者占比较小，但这些分数较低的区间仍是一个不可忽视的选项，说明促销活动依然存在很大的改善空间，对此，问卷也设计了相关问题，收集受访者的打分原因。通过调查可以看到，不同类型的商品促销、促销时间段的选择、促销活动的开展方式、促销员的培训等方面都存在着不足，其中促销活动点重复开展、促销形式单一是消费者对促销活动不满的主要原因，由之前的问卷分析可以得知，处于四大经济区域的消费者都更关注享受类商品的促销，喜欢赠送礼品的促销方式。在这些共性偏好外，东部地区的消费者对发展类商品有着较高的诉求，西部地区的消费者对买一送一的促销形式有着更高的热情。供应链上的各企业应抓住消费者心理，及时收集消费者的反馈，根据消费者的诉求来改变促销策略，有针对性地调整促销对象、促销形式、促销的时间间隔。这样才能使得供应商、零售商开展合适的联合促销，付出恰当的促销努力，激发消费者的购买欲，实现利润的增长（见图8-6）。

在全球化竞争日趋激烈的今天，联合促销为供应链整体和各节点企业提供了良好的应对办法，极大地缓解了企业的市场竞争压力，企业的相关业务人员也提高了面对风险时的应变能力。越来越多的企业开始应用联合促销，将联合促销作为战略决策的常备选项。供应链企业的联合促销受到了大批国内外专家学者的关注，学者们针对联合促销的效果、展开方式及其影响等方

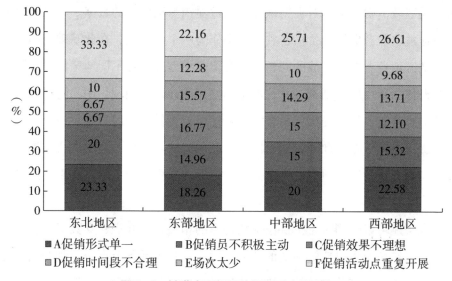

图8-6 消费者所经历的促销活动的评价

面做了大量研究调研工作。关于联合促销对供应链绩效影响的理论研究已然非常全面，但本书在总结相关联合促销的文献后发现，很少有基于实地调研的方法来验证模型所得结论，模型得出的结论是建立在理想环境的基础上，给出的建议比较理想化，然而企业所处地区的经济文化差异、消费者个体因素差异、企业产品类型等因素都会影响供应链企业联合促销的效果。这些地理人文因素很难运用数学模型推演出一条理论或者预测趋势，但这些却又是影响促销成果好坏的重要因素。

综上所述，未来可以结合上述分析内容作为出发点，综合运用既有研究成果，建立需求函数和利润函数，分别求出无促销和联合促销背景下的供应商、零售商、供应链的利润和价格表达式。将有无联合促销情况下的利润表达式做差，分析出供应链企业开展联合促销，在什么条件下才能使得利润高于无促销时的供应链利润；分析联合促销时供应链整体和供应链各节点的利润随着促销努力水平变化的趋势。与此同时，未来还可以设计消费者对促销活动感知的调查问卷，根据中国划分的四大经济区域来发放问卷，争取做到问卷调研范围的全覆盖。收回问卷后，将问卷结果按照区域进行统计，得出不同区域消费者群体对促销认知和周遭促销活动感知的数据。本书的研究旨在通过将联合促销的价格、利润模型作为一个基本点，在此基础上结合对不同地区消费者群体发放的问卷，综合检验模型得出在不同地区面对不同消费者群体的适用性的结论，并将数学模型未能涉及的领域，用问卷调研所得结论进行补充，据此提出更贴合实际的建议，为供应链因地制宜地开展联合促销提供决策依据。此外，找出模型存在的欠缺与不足，运用调研结果丰富模型参数，作为以后研究的一个方向，以期建立更完善、更具有现实意义的模型。

未来还可以运用 Stackelberg 主从博弈的相关理论知识建立数学模型，分析有无促销情况下供应链绩效的差异，供应链整体及各节点企业利润随着促销努力投入水平变化的趋势，进一步通过发放更加复杂问卷的形式，从消费者所处地区、年龄、职业等个体差异化因素入手，收集整理消费者对商品促销的偏好、对亲身经历过的促销活动的感知和满意度等信息，将所得数据按照东北地区、东部地区、中部地区、西部地区进行整理，以经济发展差异为背景，进行数据的统计分析。在分析过问卷中的其他问题后，从目前的研究可以得知，促销活动会引起顾客对商品的信任危机是其中比较重要的原因，这产生于消费者自身的心理，这种心理因素是目前数学模型无法预测和顾及的。除了这个原因，促销产品的种类或者形式不符合消费者的预期也会影响消费者对促销活动的积极性。

（2）联合促销模式下的企业生产运作决策研究。

联合促销会影响零售商采购产品的数量和类型，制造商也要根据促销活动来决定产品的生产数量，合作渠道之间的参与者会相互博弈，相关的库存管理、生产运作等也会随着联合促销而发生变化。考虑寄售、搭售等不同方式来研究供应链的协调，异业合作企业之间的利润分配等问题是未来值得研究的重要话题。特别是对比传统销售模式与易货贸易模式，考虑到易货平台的匹配率，探讨在易货贸易的背景下，异业合作供应链在面临不确定性需求时的最优定价、库存与促销策略问题，探究易货贸易对异业合作供应链最优决策的影响。假设产品的零售价格为两个零售商的内生变量，在销售开始时，零售商都试图确定订单数量和零售价格，以最大限度地提高其预期利润，市场上顾客的需求是与价格随机相关的。如图8-7所示，在没有易货贸易的传统销售模式中，当销售季节结束时，零售商将以出清价格来处理未售出的产品。异业合作的零售商通过易货贸易的方式，能够以零售价格来处理其未售出的商品。

图8-7 传统销售模式与易货贸易模式对比

当销售季开始时，零售商以批发价格订购产品，并确定产品的零售价格，顾客前来购买产品。如果销售期间的需求超过库存，则需求未得到满足，会产生缺货成本。相反，当消费者需求量小于库存时，零售商可以在易货贸易平台上交易未售出的商品。在易货平台上进行交易时，零售商不确定所有未售出的商品都能成功易货。易货平台将帮助零售商找到对其未售出产品感兴趣的潜在买家，告知零售商买家想要购买的产品数量，并开展一系列的促销活动来吸引更多商家的关注。由于易货平台上的供应是不确定的，因此存在一个匹配率，即易货平台匹配零售商需求的概率，匹配率随着零售价格的增加而降低。在易货贸易结束后，未售出产品的每个剩余单元都会按照出清价格进行处理，就像传统的无易货贸易的经典报童模型一样。在满足零售商利润最大化的前提下，构建易货贸易模式下异业合作零售商定价—库存联合决策报童模型，与以较低的出清价格处置过剩库存相比，探讨易货贸易会对异业合作零售商的最优决策产生什么影响，探究异业合作零售商通过易货贸易减少库存不确定带来影响的机制和效果分析。另外，将易货贸易扩展到二级供应链情境下进行探讨，研究分散式、集中式决策结构对供应链最优决策的影响，结合数值实验，重点分析零售商的易货贸易行为如何影响制造商的最优决策及整体供应链的利润。对佣金、价格弹性系数、需求不确定等重要因素作敏感性分析，探讨重要因素对期望利润以及"易货还是不易货"等最优决策的影响。

（3）联合促销下的同城配送企业运营管理研究。

随着社会经济的发展，物流业在经济发展中占据越来越重要的地位。近年来，随着互联网技术的广泛应用，市场上将产品或服务提供者与需求者通过平台联系在一起并完成交易的现象越来越普遍。最近兴起的同城配送，对整个物流体系效率的提高和成本的降低起着非常重要的作用，已经成为现代物流研究中的热点问题。在同城配送市场中，同城配送平台将骑手和顾客通过互联网平台联系在一起，方便骑手与顾客之间的交易完成。随着物流行业平台的发展，同城配送平台更好地填补了B2B产品物流与电商物流之间的空白，为C端用户提供更多种类的服务。总的来说，同城配送的快速发展主要是因为互联网经济的快速发展，互联网经济的渗透，在改善人们生活质量的同时，也促进了经济的快速发展。

物流平台的概念也慢慢深入，"互联网+"物流正如火如荼地开展。随之发展起来的O2O配送平台，因为具有成本低、时间自由等特点，在人们生活中普遍应用，在物流平台占据着很重要的一部分。因此，结合同城配送平台的特征研究同城配送模式，在追求平台和骑手利润最大化、顾客效用最大化方面具有深远意义。

同城配送，又被称为"最后一公里物流"，也被称为城市"轻物流"、本地派送。全国联网的专业物流（快递）公司的业务侧重点不同，"同城配送"

提供一个城市内从 A 到 B（尤其是市区范围内）的物流配送，讲求的是速度快、效率最大化。目前的同城配送企业有很多（见表 8-2），如常见的顺丰同城急送、美团配送、闪送、达达快送、UU 跑腿等，"同城配送"主要集中在国内的一、二线城市，一些经济发展速度较快的城市一般会设置多个站点，而经济发展速度较慢的城市可能站点较少或将城市定位为卫星城，由其他人员负责，不配备线下商务拓展或运力专员。不过随着互联网和物流业的快速发展，加之同城配送的配送范围小、效率高的特点，人们对同城配送的需求也不断增加，许多同城配送企业也在不断地向三、四线城市拓展市场。

表 8-2　　　　　　　　　　　　2022 年同城配送相关企业

企业名称	相关介绍
美团配送	美团旗下智能物流平台，拥有密度高、范围广的即时配送网络，为不同规模和不同业态的商家提供定制化物流方案和多方位有效配送服务。目前，美团配送单日完成订单量突破 4000 万单，平均每单配送时间仅 30 分钟，已经连接起 630 万家商家、4.6 亿个消费者、近 400 万名骑手和各类生态合作伙伴，逐渐建立了全国覆盖密度高、范围广的即时配送网络
蜂鸟即配	蜂鸟即配是阿里本地生活服务公司旗下的开放即时配送平台，成立于 2015 年 4 月，为"饿了么"平台的商户提供即时配送服务，致力于打造全球领先的智能配送网络，并于 2018 年 4 月融入阿里巴巴生态，成为新零售与本地生活重要基础设施之一。2019 年 6 月，蜂鸟宣布品牌独立，并升级品牌名为蜂鸟即配，向更多行业和区域输出综合配送解决方案
达达快送	达达快送是达达集团旗下中国领先的本地即时配送平台，以众包为核心运力模式，搭建起由即时配、落地配、个人配构成的全场景服务体系，服务各行业知名企业、中小企业与个人用户。通过众包模式，为即时配送中订单的频繁波动合理匹配运力，高效应对全年中各个订单量峰值。截至 2019 年 12 月 31 日，达达快送业务覆盖全国 2400 多个县区市，日单量峰值约 1000 万单
顺丰同城急送	顺丰同城急送是顺丰集团旗下国内领先的第三方即时配送平台。作为专业、可信赖、稳定的第三方即配平台，顺丰同城凭借中立、开放的市场定位，极致的配送体验，集智慧物流和数据生态为一体的智慧信息系统，多元运力融合、覆盖全城的高效弹性网络，满足多样化需求的产品体系，能够更好地承接全渠道流量的配送需求。如今，顺丰同城已成为本地生活即时配送首选服务商，活跃商家 33 万家、合作品牌超 3600 家、活跃消费者 1560 万名，业务范围已覆盖全国 2000 多个市县，为全国亿万商家和个人提供专业、高端、有温度的即时配送服务

续表

企业名称	相关介绍
闪送	国内知名同城速递品牌，创立于2013年，以"互联网+大数据"为依托，专注于专人直送的限时递送服务的互联网企业，服务高效、快捷、贴心、安全。闪送是同城1小时即时递送服务领域的开拓者，平台聚焦共享经济，以"互联网+大数据"为依托，专注于同城一对一急送服务，为用户提供7×24小时在线服务，帮助用户解决各种"急、忙、懒、难"的需求，平均1分钟响应、10分钟上门、60分钟送达全城。目前，闪送已开通229个城市，会集100多万名闪送员，累计服务用户1亿+人次
UU跑腿	UU跑腿是专业的移动互联网跑腿服务平台，以共享劳动力与时间为众包理念，人人都可注册成为跑腿师傅，并为附近的人提供买、送、取、办等多样化即时服务，为中小企业、电商、本地商户提供安全专业的配送服务，平均37分钟送达，足不出户满足用户的即时需求。UU跑腿以郑州为起点，截至2023年4月覆盖了北京、深圳、郑州、南京、杭州、西安、长沙、成都、合肥等200多座城市。平台合作"跑男"已超过650万人，为全国亿万用户提供同城即时跑腿服务，成为近年来发展强劲的互联网项目之一
菜鸟速递点我达	菜鸟速递点我达是一家众包模式的即时物流平台，致力于末端即时物流服务，以众包共享模式，为用户提供门到门的快速、准时、可信赖的物品送达服务，满足各类型用户在移动互联网和本地生活消费升级的趋势下，对物流配送"快速、准时"送达的诉求，将一键呼叫运力服务变为现实。截至目前，菜鸟速递点我达的业务范围已经覆盖全国350多个城市，平台注册骑手超过400万名，为250万家商家和1.5亿消费者提供即时配送服务
邻趣	邻趣于2014年正式成立，总部位于上海，定位于有消费升级需求的中产阶级及白领人群，专注于解决用户在"广，懒，急"两大场景下的同城即时跑腿需求，目前主要品类包括万能跑腿、同城快送、代跑腿、代买、代办、代排队、美食社交电商等，为用户提供更加高效、个性便利的新型生活方式。目前，全国已有700余城市辖区和市辖县加盟邻趣，注册跑腿小哥70余万
快服务	快服务是国内领先的同城急速配送服务平台，提供同城急速配送、跑腿服务。北京快服务科技有限公司于2015年2月在北京创办，全国网络分布较广，已在全国300座城市开展业务，骑手累计30余万人。快服务为客户提供即时专人直送和同城半日/当日达等服务产品
跑腿快车	跑腿快车是覆盖全国的网络线上生活服务平台，可为大众生活提供餐饮外卖配送及跑腿代购代送等全方位的服务。自2016年2月跑腿快车开始进军外卖行业以来，网点已遍及20个省份，在地市、县、镇、乡共开设有1000多个站点，拥有十多万家合作商家，服务客户1000多万人

目前同城配送的主要运营模式大都是顾客在 App 上下单，平台将单指派给附近的骑手或者骑手在 App 骑手版上抢单，骑手接到单后在指定的时间到达指定的地方取货，之后根据不同的公里数尽可能快地将货品运输到指定的位置交给收件人，完成一单的交易（见图8-8）。

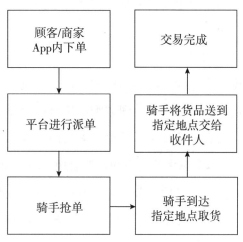

图8-8 同城配送平台的主要运营模式

同城配送平台的兴起给整个物流行业带来了翻天覆地的变化，新的商业模式整合了社会闲散资源，提高了运输效率，也促进了物流降本增效。同城配送平台在进入快速发展的成长期后，主要发展现状如下。

①政策利于行业发展。

国家曾经颁布《"十三五"现代综合交通运输体系发展规划》及《商贸物流发展"十三五"规划》，提出全方位推进现代化信息技术在物流行业中的应用，同时提升交通运输的现代化发展。国家还为降低物流成本颁布了一系列政策，这些政策为同城配送平台提供了一个发展良机。

②进一步开放用户需求。

随着智能手机的广泛应用，互联网经济的优势在日常生活中不断显现。如今大部分同城配送平台只需要用户通过手机 App 即可下单，为用户提供了更加方便快捷的操作方式。选择同城配送的人数大幅度增长，也就说明市场上用户的需求在逐步打开。

③市场稳中有增。

相关资料显示，最近几年同城配送平台的骑手数量不断增加，骑手多使用摩托车、电动车进行配送，现在也有同城配送企业在发展汽车配送，但数量较少。同时，用户的供给也在保持平稳的增长趋势，整个市场将呈现一种稳中有增的趋势。

④行业优势进一步凸显。

同城配送的出现对降低物流成本和提升配送效率起到了关键作用，满足了现代社会发展的需求。除此之外，同城配送平台还为顾客提供了实时查看订单状态的服务，从而有效地减少了外界因素给用户带来的订单不能得到及时处理的损失。未来，越来越多的骑手和顾客会加入同城配送的行业。

同城配送是物流活动的最后环节，是物流活动中容易被忽视的部分，在各方面因素的影响推动下，发展后劲十足，但是依旧存在较多有待改进之处，同城配送目前存在的问题主要有以下三个方面。

①服务质量低。

物流行业的"门槛"较低，导致配送末端的从业人员整体文化素质不高，这使得同城配送整体的服务质量有待提升。尽管有的物流企业对待从业人员有自己的管理标准，但是在配送的过程中无人监管且员工对企业缺少归属感，导致服务质量问题仍是许多企业的痛点。

②物流系统效率较低。

从零用市场来说，交通拥堵是物流系统效率低的主要原因，尤其是在早高峰和晚高峰这样的时间段，运送货物的效率取决于交通的拥堵状况。从落地配送市场和供应链市场的快递配送方面来说，效率低是配送环节脱节、物品在仓库或柜台滞留等造成的，并且物流环节多、搬运装卸次数多、货物种类繁杂也会导致效率下降。

③使用成本较高。

现在，越来越多的物流企业都有自己的信息管理系统，而信息管理系统的设计、运营、维护、升级等都需要较高的成本。另外，货物的配送以及交接到客户手上都需要人工成本，对于零用市场来说，为了更快地将物品送到客户手中，可能一趟只能运送一样物品，较强的时效性以及随机性都使得同城配送的成本过高。

现在大多数同城配送平台都是根据里程数来进行定价，分为起步价、超里程费、超重费等。还有一些平台会收取时段费、定制交通工具费、帮买等候费以及特殊服务费等。除此之外，为了保证良好的服务体验，大多数同城配送平台都会根据供需情况动态调整价格策略，价格超过常规报价称为溢价。首先，从双边市场平台的角度来分析影响平台定价的因素。

① 平台匹配技术。

平台盈利水平的决定性因素是平台匹配技术水平，对于同城配送平台来说，匹配技术水平的高低对其价格制定策略的影响同样重要。同城配送平台为达成用户和骑手之间交易的完美闭环，而将精力投在提升平台的匹配技术水平上，并以此降低用户和骑手的互相搜寻成本，提升搜寻质量和效率。平台匹配技术水平的提升旨在吸引新的用户和骑手在该同城配送平台下单和抢单，同时借由提高匹配的准确性来增加用户和骑手的交易次数，部分平台通过让用户指定熟悉的骑手进行配送的手段，给予用户更多的选择权，以此提高用户黏性，使平台既得利益最大化，由此弥补因实行较低服务收费水平而造成的收入损失。

② 差异化服务水平。

平台服务差异化的内容包含横向和纵向两个方面。其中，横向差异化是指平台之间给予的产品和服务的不同；而纵向差异化是指因为不同用户对产品和服务会有不同的需求，所以平台对用户群体进行分类，并且依据不同需求为他们提供质量或价格不同的产品或服务，从而达成平台利润最大化的目的。在竞争激烈的市场环境中，同城配送平台想要取得价格竞争优势，就要提供具有差异化的产品和服务，在对用户和骑手进行服务价格制定策略时掌握主动权。当同城配送平台所提供的产品和服务与竞争对手之间的差异化水平越高，就越能掌握定价的主动权；当同城配送平台所提供的产品或服务与竞争对手之间的差异化水平较低或者基本同质时，为抢夺用户，同城配送平台的竞争对手之间通常进行价格战，更甚者可能会导致恶性竞争的出现。

接下来，从双边市场平台的用户角度来分析影响平台定价的因素。

① 交叉网络外部性效应。

在激烈的同城配送平台市场竞争中，交叉网络外部性效应是影响价格制定策略的关键因素，如果失去交叉网络外部性效应的作用，就算平台运用补贴也无法维持自身的生存和发展，原因是无法同时在两边吸引用户。当今大部分研究表明，正向的交叉网络外部性效应对双边平台定价决策具有较大的影响。当用户对骑手的交叉网络外部性效应较强而骑手对用户的交叉网络外部性效应较弱时，同城配送平台通常倾向于向骑手收取较低的费用，甚至免费或补贴，而向用户收取较高的费用。

② 用户需求价格弹性。

产品和服务的价格变化对购买该产品或服务的用户数量的影响程度可以用需求价格弹性来衡量。用户的需求价格弹性高意味着产品或服务价格的提高会使购买该产品或服务的用户数量减少，而降低产品或服务的价格也会使购买该产品或服务的用户数量增加。换句话说，用户的需求价格弹性高意味着他们对平台价格变化的敏感性较强。当同城配送平台提升价格水平时，对价格变动比较敏感的用户会严重流失。因此，同城配送平台通常对此类用户采取较低价的定价策略或者给予补贴，而对需求价格弹性较小的一边用户则会采取较高价的定价策略。

③ 用户归属行为。

针对有竞争性质的同类型同城配送平台，如果用户和骑手属于单归属，那么出现市场均衡时，不同的同城配送平台之间用户和骑手的规模可能会出现不对称的现象，但这种不对称并不会对平台之间的利润产生影响。通常来说，同城配送平台会向用户和骑手同时收取较低的费用，用户和骑手的规模越大，则费用就越低。若用户为单归属，骑手为多归属，则同城配送平台向用户收取较低费用，向骑手收取较高费用；若用户和骑手均为部分多归属，同城配送平台的定价就要参考多方面的因素，考虑不同用户的归属特性的同时还要考虑他们的交叉网络外部性效应强度。

④ 用户诚信度。

用户和骑手的服务交易在同城配送平台上是具有特殊性的，区别于大部分电商平台，同城配送平台主要提供物品的运输服务，这些物品的体积或大或小，有些物品还可能有较高价值且易损坏，因此同城配送平台为减少双边在交易的过程中出现物品损坏、交易超时等纠纷，必须对用户及骑手的诚信、资质等条件进行严格的审核。同城配送平台对用户实际收取的相关服务费用与双方用户的诚信度是负相关的，骑手信用度的提高有利于吸引更多的用户加入，促进双方之间的多次交易，从而提高平台利润，因此平台倾向于向诚信度高的用户收取较低费用，而对诚信度低的用户采取高价策略。

目前，相关研究根据已有的数据对同城配送平台的定价策略等方面提出了一些建议。

第一，同城配送平台应根据用户和骑手的交叉网络外部性效应实行差异化定价策略。平台在定价时不能单独以每边的利润最大化为决策目标，而应该通过对平台系统内运行的用户交易数据、支付数据等行为数据进行统计和分析，估计不同用户间的交叉网络外部性效应，懂得取舍，实现平台总体更高的收益。如果单位用户的加入带给骑手更多的效用，平台应适当减少对用户的收费，或在其他方面给予用户额外的优惠补贴，如发放优惠券、提供折扣等，以吸引更多的用户加入平台。若单位骑手的加入可以提升用户的效用，则平台可以采取适当减少对运费抽佣的手段，或者对骑手配送工具服务方面给予适当的优惠，以吸引更多的骑手在平台上提供配送服务。

第二，提供差异化服务，促进用户和骑手之间的相互影响，增强用户黏性。平台竞争的基础是服务差异化。同城配送平台可以借由提供更多样以及差异化的服务来吸引用户和骑手的加入，将两边用户对平台的依赖进一步转化为两边用户之间的相互依赖。

第三，提高交易匹配效率的同时，也要注重匹配质量的提升。达成交易的决定性因素是通过平台提供的供求信息达成有效匹配对接。平台技术人员能力的高低也明显地影响到平台匹配技术水平和效率的高低。与普遍意义上的商品买卖不同，物流集成服务会表现出高强度的专业技能知识，故而在同城配送平台竞争的过程中，不仅要重视技术研发投入和信息平台的建设，还要重视创新型技能人才的培养和引进。

第四，关注用户与骑手不同的归属行为特征。用户和骑手的多归属行为在一定程度上减少了平台的利润，所以同城配送平台可以根据两边用户不同的归属特征制定不同定价策略或补贴标准。对于单归属行为的用户或骑手，同城配送平台可以采取低价倾斜，以此增强这部分用户的黏性。

第五，在实际生活中，同城配送平台还要综合考虑企业未来发展和社会影响，积极承担企业社会责任，以此树立良好的企业形象，提高企业的竞争力和知名度，吸引同城配送用户，由此也能获得一定的社会责任补贴，进而提高同城配送平台的利润。

第六，完善平台定价方式。不同定价方式下，用户和骑手的交叉网络外部性效应、归属行为倾向对平台定价、利润的影响程度有一定差异，平台可以通过分析双边用户的交叉网络外部性效应大小、归属特征，适当调整定价方式，实现平台总体更高的利润。

未来研究可以基于双边市场理论，结合 O2O 同城配送平台的特点，构建"顾客—平台—骑手"的线上与线下相结合的双边市场。深刻分析现阶段同城配送企业的市场格局、同城配送平台的主要运营模式、同城配送平台未来的发展趋势以及目前同城配送平台存在的问题。利用机器学习等分析方法，分析影响同城配送定价与补贴的相关因素，研究同城配送企业的定价策略，并对企业的定价策略作出预测，结合联合促销模式，促进同城配送企业的高质量、快速发展，并提出相应的对策及建议。

（4）联合促销模式下的农产品电商直播运作决策研究。

2021 年 8 月 17 日，习近平总书记在主持召开中央财经委员会第十次会议时强调了共同富裕是社会主义的本质要求，也是中国式现代化发展的重要特征。所谓共同富裕是指全体人民富裕，需要按照经济社会发展规律循序渐进，重点要解决地区差距、城乡差距及收入差距等问题。伴随着世界经济的快速发展，当前世界主要经济形态已从农业经济、工业经济转变为了数字经济，数字经济也成为当前我国的主要经济形态。数字经济发展速度快、辐射范围广、影响程度深，正推动生产方式、生活方式和治理方式深刻变革，成为重组全球要素资源、重塑全球经济结构、改变全球竞争格局的关键力量。我国是一个农业大国，农产品年交易量巨大，农村经济占了相当一部分比重，农村经济能否繁荣发展，是我国政府重点关注的事情。在信息技术的不断发展下，衍生出互联网电商这一交易方式，这种简单便捷的交易方式自推出便广受好评。

农产品的生产和销售占据了我国总市场的很大市场份额，如何帮助农户更好地卖掉农产品，同时让消费者有更多更全面的选择以及收到更加物美价廉的货品成了众多企业以及学者关注的问题。在信息技术的不断发展下，互联网经济逐步取代了实体经济，也催生了网络直播带货这一销售商品的模式。将这两者结合起来去售卖农产品的互联网经济，相较于从前的实体经济可以说有颠覆性的差别，农产品生产者（农户）、商家、消费者都能从中受惠，同时也带动了一大批年轻人就业。但农产品的特殊性、农村经济的落后性，还有短视频平台主播水平参差不齐等种种问题，增加了农产品电商直播带货的风险。

数字经济的大意是指以信息资源优势为关键要素，以现代互联网为关键平台，以现代信息通信科技融合运用、全要素数字化的转变为关键驱动力，促进公平与效率更加统一的新经济形态。所谓的数字经济，指的是一种宏观经济学体系，在这种体系中，大数据技术将被普遍运用，整个宏观经济环境和国民经济行为随之发生根本变化。由于数字经济的概念广泛，因此，所有利用数字化手段运用计算信息推动资源发挥作用，促进社会生产力发展的经济形式，均可归入此范围。在新技术层面，数字经济包含了互联网、虚拟现实、物联网、区块链、新一代人工智能、5G通信等新型信息技术。在应用领域方面，新零售、新制造等概念均是其经典代表。

电商直播带货，顾名思义就是通过互联网视频直播的方式在电商平台上销售商品，其分为两种模式，第一种是自营式直播，电商主体为商家、平台和消费者，直播者不是 KOL（关键意见领袖）或网络红人，而是出自商家的工作人员，直播带货本身也是商家介绍自家商品的一种途径，这是较为简单的电商直播模式。其中，商家和消费者之间产生直接的买卖关系，而商家和直播平台具有类似于租赁关系，因为电商平台类似于虚拟购物环境中的百货商场，平台为商家提供了一种专属柜台服务，商家签署入驻协议并承担卖方责任。第二种为助营式直播，在助营式直播模式下，商家与主播形成代理关系，我们经常看到的KOL或者"网红"主播直播带货就是这种模式。这种直播模式并非完全由消费者和商家发生买卖合同关系，而是由主播方利用其公共形象来推销产品，这要求其与商家共同承担责任。其中，主播和商家形成了委托关系，而主播、商家均与电商平台形成了租赁关系。更为重要的是带货主播和消费者之间的关系，因为带货主播是通过个人形象、社会影响力等在平台推荐商品，所以其角色属于《中华人民共和国广告法》中的产品形象代言人，但是主播并不是产品的出卖人，因为主播并不拥有商品所有权。不过，主播在产品买卖过程中收取佣金，所以其角色也是居间人。因此，一旦消费者在购买商品的过程中遇到相应问题，那么主播也可能需要承担连带法律责任。

数字经济下的农产品电商直播带货其实就是运用数字化手段销售商品，只不过这里的商品是农产品，农产品的特殊性决定了数字经济下直播带货所要注意的一系列问题。借助数字化手段采用电商直播带货的方式销售农产品，固然优势多多。例如，有助于农产品实现产销对接，有助于农产品质量信任问题的解决，有助于拉近农民与市民之间的距离，还有网络电商直播能够促进"网红"农产品的产生，促进消费等。但是其暴露出的问题加大了这种销售模式的风险。当前我国的电商市场乱象有不可控性，货品的质量问题、商品宣传上的问题、主播直播视频内容的问题等层出不穷。电商直播场景下可能存在的风险有以下几方面。从消费者角度，电商直播平台存在虚假宣传，以及售后保障差等问题，增大了消费者的购买风险。从电商主播视角，主播合作的部分商家会隐瞒关键信息，使电商主播宣传的产品具有假冒伪劣的风险。从商家视角，为了争抢流量，许多MCN（多频道网络）机构会专门刷单、刷流量、刷人气、刷数据等，MCN机构的数据造假为商家增加了数据造假责任风险，此外，还致使商家承担过高的"坑位费"、退货成本、佣金成本，从而产生较高的财务损失。

农业经济是我国经济发展的重要部分，随着电商直播的兴起和发展、互联网的普及，加之政府助农计划的扶持，许许多多的农户开始拿起手机，在电商平台直播起了自家田间地头的农产品，这让农产品的售卖从以前的实体经济形式转变为数字经济形式，这种一对多的销售模式的好处是加大了农产品的成交量和成交额。如何充分地利用直播带货，在不同的商家之间进行联合促销，更好地进行产品的销售，成了农产品企业未来可持续发展的关键，充分利用直播带货还能助力解决地区差距、城乡差距及收入差距等问题，实现共同富裕的目标。

有一些研究针对农产品直播带货相关风险进行了分析，有商家可能会遇到的风险，也有消费者可能会遇到的风险。商家可能遇到的风险第一个是环境因素，农作物生长环境的不可控性。例如，天气因素会对农作物的质量有很大影响。第二个是人为因素，由于农产品经包装发给物流公司，物流公司在运输途中会存在暴力运输的情况，很大程度上影响了农产品的质量，对于商家的农产品直播销售也是一种风险。第三个是社会公众对农产品直播带货的认识与看法，社会公众是否信任农产品直播带货这种方式是农产品直播带货能否盈利的重要因素，所以也是对商家来说的风险之一。第四个是政策法规的制定，它决定着农产品电商直播带货能否顺利进行，也决定了农产品电商直播带货的走向。所以政策制定的方向也是农产品直播带货的一项重要风险因素。

而对于消费者来说，第一，农产品的质量是否有保障以及售后服务是否到位是消费者在观看电商直播中购买农产品时的重要风险因素。很多情况下，消费者在直播中看到的商品很好，但收到货后却差异较大，其中等候换货的时间及费用往往要由买家承担，卖家通常是只退货不退钱，而且买家还要承担失望的情绪风险。第二，农产品的电商直播带货的政策对于消费者来说也是重要风险因子。比如，收到货后货不满意，卖家的售后服务态度差，相关的政策法规如何制定直接决定了消费者的权益是否能得到维护。

当前的数字经济时代催生了许多以互联网为媒介的经济形式，其中以农产品的直播带货为首的助农计划一经推出便广受好评，但是希望和风险并存，当前农产品的直播带货还面临着产业链的规范化、流程的符合度和整个产品质量上的问题，限制了产业的发展。所以，必须协调规范性工作和提高带货环节的整体符合率，要重视对农产品直播带货的质量监督，优化农产品直播带货的管理流程，同时还必须让售后服务工作实现品质上的升级，加强对农业直播带货的售后监管，缓解农业直播与带货之间的冲突。

21世纪，信息科技和互联网技术的快速发展推动了数字经济时代的到来，在数字经济赋能作用下，现代经济结构逐渐发生转变，产品销售产业链得以延长，营销方式开始朝着多元化方向发展。其中，电子商务行业是数字经济赋能背景下快速发展起来的全新领域，随着网络的全方位普及，电商行业迅速发展并逐渐成为大众生活中不可或缺的重要消费渠道。直播带货是直播与电商的融合产物，是技术、媒介、平台、资本、企业和主播等因素协同驱动的结果。在政府大力支持和互联网平台的带动下，目前直播带货在解决农产品销售难方面发挥了重要作用，也面临供应链能力弱、产品质量难保证等不少问题，其持续发展需要多方协同作用。未来基于问卷调查、实证分析等基础对数字经济下农产品电子商务直播的问题进行深入的探讨将是重要的研究方向。

综上所述，关于联合促销相关领域的研究还有很多待解决的问题，作者只是对该领域较为关键的问题进行了研究，并对未来可能研究和解决问题的思路进行了总结。

参考文献

［1］AAKER D A. Leveraging the corporate brand [J]. California Management Review, 2004, 46（3）: 6–18.

［2］ADLER L. Symbiotic Marketing [J]. Harvard Business Review, 1966（44）:59–71.

［3］AUGUSTINE M S, COOPER C D. Getting the most from strategic partnering: A tale of two alliances [J]. Organizational Dynamics, 2008, 38（1）: 37–51.

［4］AUST G, BUSCHER U. Cooperative advertising models in supply chain management: A review [J]. European Journal of Operational Research, 2014:1–14.

［5］BANCIU M, GAL–OR E, MIRCHANDANI P. Bundling strategies when products are vertically differentiated and capacities are limited [J]. Management Science, 2010, 56（12）: 2207–2223.

［6］NELLY B, TATYANA C, TAL A. Revenue–sharing contracts in supply chains: a comprehensive literature review [J]. International Journal of Production Research, 2021, 59（21）: 6633–6658.

［7］BERGEN M, JOHN G. Understanding cooperative advertising participation rates in conventional channels [J]. Journal of Marketing Research, 1997, 34（3）:357–369.

［8］BISWAS S. Relationship marketing: concepts, theories and cases [M]. PHI Learning Private Limited, 2014.

[9] CHEN Y J, DAI T L, KORPEOGLU C G, et al. OM Forum—Innovative online platforms: Research opportunities [J]. Manufacturing & Service Operations Management, 2020, 22（3）: 430–445.

[10] CHOI S C. Price competition in a channel structure with a common retailer [J]. Marketing Science, 1991, 10（4）: 271–296.

[11] CHOI T M, HE Y. Peer–to–peer collaborative consumption for fashion products in the sharing economy: Platform operations [J]. Transportation Research Part E: Logistics and Transportation Review, 2019, 126（6）: 49–65.

[12] CHU W, DESAI P S. Channel coordination mechanisms for customer satisfaction [J]. Marketing Science, 1995, 14（4）: 343–359.

[13] DESAI P S. Quality segmentation in spatial markets: When does cannibalization affect product line design? [J]. Marketing Science, 2001, 20（3）: 265–283.

[14] DILBEROGLU U M, GHAREHPAPAGH B, YAMAN U, et al. The role of additive manufacturing in the era of industry 4.0 [J]. Procedia Manufacturing, 2017, 11（2）: 545–554.

[15] DUNNE P M, LUSCH R F, CARVER J R. Retailing [M]. Cengage Learning, 2013.

[16] European Commission. Online platforms. [EB/OL][2017–11–16]. https:// ec.europa.eu/digital–single–market/en/policies/online–platforms.

[17] GIJSBRECHTS E. Prices and pricing research in consumer marketing: Some recent developments [J]. International Journal of Research in Marketing, 1993, 10（2）: 115–151.

[18] GOIĆ M, JERATH K, SRINIVASAN K. Cross–market discounts [J]. Marketing Science, 2011, 30（1）: 134–148.

[19] HELVESTON J P, LIU Y M, FEIT E M, et al. Will subsidies drive electric vehicle adoption? Measuring consumer preferences in the U.S. and China [J].

Transportation Research Part A: Policy and Practice, 2015, 73（10）: 96–112.

[20] KARRAY S, SIGUÉ S P. Joint advertising of complementary products sold through an independent retailer [J]. International Journal of Production Research, 2018, 56（15）: 5222–5233.

[21] KARRAY S. Cooperative promotions in the distribution channel [J]. Omega, 2015, 51（3）: 49–58.

[22] KARRAY S. Effectiveness of retail joint promotions under different channel structures [J]. European Journal of Operational Research, 2010, 210（3）: 745–751.

[23] KOTLER P, KELLER K L, MARKKOTLER P. Marketing Management [M]. 15th. ed. London: Person, 2016.

[24] LIU W H, LONG S S, XIE D, et al. How to govern the big data discriminatory pricing behavior in the platform service supply chain? An examination with a three–party evolutionary game model [J]. International Journal of Production Economics, 2021（231）.

[25] MCGUIRE T W, STAELIN R. An industry equilibrium analysis of downstream vertical integration [J]. Marketing Science, 1983, 2（2）: 161–191.

[26] MOON I, DEY K, SAHA S. Strategic inventory: manufacturer vs. retailer investment [J]. Transportation Research Part E: Logistics and Transportation Review, 2018（109）: 63–82.

[27] PARSAEIFAR S, BOZORGI–AMIRI A, NAIMI–SADIGH A, et al. A game theoretical for coordination of pricing, recycling, and green product decisions in the supply chain [J]. Journal of Cleaner Production, 2019, 226（6）: 37–49.

[28] PRAMANIK P, MAITI M K, MAITI M. Three level partial trade credit with promotional cost sharing [J]. Applied Soft Computing, 2017, 58（9）: 553–575.

[29] RAYNA T, STRIUKOVA L, DARLINGTON J. Co–creation and user innovation: The role of online 3D printing platforms [J]. Journal of Engineering and

Technology Management, 2015, 37（9）: 90–102.

[30] SASSON A, JOHNSON J C. The 3D printing order: variability, supercenters and supply chain reconfigurations [J]. International Journal of Physical Distribution & Logistics Management, 2016, 46（1）: 82–94.

[31] SUN H X, WAN Y, ZHANG L L, et al. Evolutionary game of the green investment in a two–echelon supply chain under a government subsidy mechanism [J]. Journal of Cleaner Production, 2019, 235（10）: 1315–1326

[32] WANG Y L, WALLACE S W, SHEN B, et al. Service supply chain management: A review of operational models [J]. European Journal of Operational Research, 2015, 247（3）: 685–698.

[33] XIE G, WANG S Y, LAI K.K. Quality improvement in competing supply chains [J]. International Journal of Production Economics, 2011, 134（1）: 262–270.

[34] YAN K, HUA G W, CHENG T C E, et al. Joint promotion of cross–market retailers: models and analysis [J]. International Journal of Production Research, 2021: 1–22.

[35] YU L L, HE X L, ZHANG J, et al. Horizontal cooperative advertising with advertising threshold effects [J]. Omega, 2019（98）: 102–104.

[36] ZHOU Y W, LI J C, ZHONG Y G. Cooperative advertising and ordering policies in a two–echelon supply chain with risk–averse agents [J]. Omega, 2018（75）: 97–117.

[37] 邓景夫. 浅谈"互联网+"时代的品牌间异业合作营销[J]. 科技传播, 2018, 10（1）: 62–63.

[38] 李晓芳. 联合促销研究[J]. 行政事业资产与财务, 2012（22）: 93–95.

[39] 刘晓云. 品牌"玩游戏"——异业合作如何掘金网游?[J]. 成功营销, 2013, 3（1）: 64–67.

[40] 唐宇, 于泓泽. 基于网络分析法的企业异业联盟伙伴选择研究[J]. 经济研究导刊, 2015（2）: 28–29.

［41］许芬芬. 联合促销：挡不住的营销新趋势[J]. 浙江纺织服装职业技术学院学报, 2006（4）: 90–92.

［42］张千帆, 王程珏, 张亚军. 异业合作与口碑传播：客户体验及产品创新度的影响——以“互联网+”背景下的企业合作为例[J]. 管理评论, 2018, 30（9）: 132–142.

附录　促销活动感知调查问卷

请在符合情况的□内打钩。

1.您所处地区（按中国四大经济区域划分）

□东北地区：辽宁省、吉林省、黑龙江省

□东部地区：北京市、天津市、河北省、上海市、江苏省、浙江省、福建省、山东省、广东省、海南省、台湾省、香港特别行政区、澳门特别行政区

□中部地区：山西省、安徽省、江西省、河南省、湖北省、湖南省

□西部地区：内蒙古自治区、广西壮族自治区、重庆市、四川省、贵州省、云南省、西藏自治区、陕西省、甘肃省、青海省、宁夏回族自治区、新疆维吾尔自治区

2.您的性别

□男　　　　□女

3.您的年龄

□18岁以下　　　□18~25岁　　　□26~45岁　　　□46岁以上

4.您的职业

□学生　　□工薪阶层　　□管理人员　　□个体　　　　□工人农民

5.哪类产品的促销活动更能引起您的关注

□基本生活品类（吃、穿、住等方面的消费）

□享受品类（娱乐文化服务、家庭设备用品、耐用消费品支出、其他商品和服务）

□发展品类（教育、交通、通信、医疗保健）

6.您关注的商品一个月大概会进行几次商品促销（结合模型看促销的次数是否恰当）

□1~2　　　　　　□3~4　　　　　　□5及以上

7.您对自己关注的商品的促销活动的满意度是多少？（单选题，1~10分，满分为10分）

□1~3　　　　　□4~5　　　　　□6~8　　　　　□9~10

8.针对问题7的打分，你认为促销活动的不足之处有哪些（多选题）

□促销形式单一　　　　　　□促销员不积极主动

□促销效果不理想　　　　　□促销时间段不合理

□场次太少　　　　　　　　□促销活动点重复开展

9.您喜欢的促销方式

□买一送一　　　　□优惠券　　　　□会员积分

□现金返还　　　　□赠送礼品

10.促销活动会影响您对该产品的信任吗

□会　　　　　　□不会

11.您是否认为开展促销活动就会为商家带来更多的收益

□是　　　　　　□否

12.您在购买商品时，进行促销活动的商品是否会让您产生更多的购买意愿

□是　　　　　　□否

13.您所见到的处于促销中的商品是否比没有促销的商品销量高

□是　　　　　　□否

14.您认为企业开展联合促销的效果会受哪些因素的影响

□消费者对价格的敏感程度　　　□需求对促销的敏感性

□促销努力投入水平　　　　　　□促销成本分摊比例